Les fleurs qui meurent tôt ont besoin d'une eau fraîche;
Toi, tu ris au soleil de juin qui les dessèche.

Die Blumen, die schnell verwelken, brauchen kühles Wasser;
Du, du lachst in der Junisonne, die sie vertrocknen lässt.

Jean Aicard, «L'Immortelle»,
Les Poèmes de Provence

MORGANE ILLES
HERVÉ GOLUZA

Zauberhafte Trockenblumen

stv

Umschlaggestaltung:
Werbeagentur Rypka GmbH, 8143 Dobl, www.rypka.at

Bildnachweis:
Alle Fotos (inkl. Covervorder- und -rückseite) stammen von Hervé Goluza.

Titel der französischen Originalausgabe:
Morgane Illes / Photographies de Hervé Goluza: Fleurs séchées. Glaner. Conserver. Créer. © by Hachette Livre (Marabout) 2019

Aus dem Französischen ins Deutsche übertragen von Mag. Claudia Binder.

Bibliografische Information der Deutschen Nationalbibliothek
Die Deutsche Nationalbibliothek verzeichnet diese Publikation in der Deutschen Nationalbibliografie; detaillierte bibliografische Daten sind im Internet über http://dnb.d-nb.de abrufbar.

Hinweis:
Dieses Buch wurde auf chlorfrei gebleichtem Papier gedruckt. Die zum Schutz vor Verschmutzung verwendete Einschweißfolie ist aus Polyethylen chlor- und schwefelfrei hergestellt. Diese umweltfreundliche Folie verhält sich grundwasserneutral, ist voll recyclingfähig und verbrennt in Müllverbrennungsanlagen völlig ungiftig.

Auf Wunsch senden wir Ihnen gerne kostenlos unser Verlagsverzeichnis zu:

Leopold Stocker Verlag GmbH
Hofgasse 5/Postfach 438
A-8011 Graz
Tel.: +43 (0)316/82 16 36
Fax: +43 (0)316/83 56 12
E-Mail: stocker-verlag@stocker-verlag.com
www.stocker-verlag.com

ISBN 978-3-7020-2012-5

Layout und Repro: Werbeagentur Rypka GmbH, 8143 Dobl, www.rypka.at

MORGANE ILLES
HERVÉ GOLUZA

Zauberhafte Trockenblumen

Sammeln · Trocknen · Dekorieren

MIT UMFANGREICHER BLÜTENKUNDE!

LEOPOLD STOCKER VERLAG
GRAZ – STUTTGART

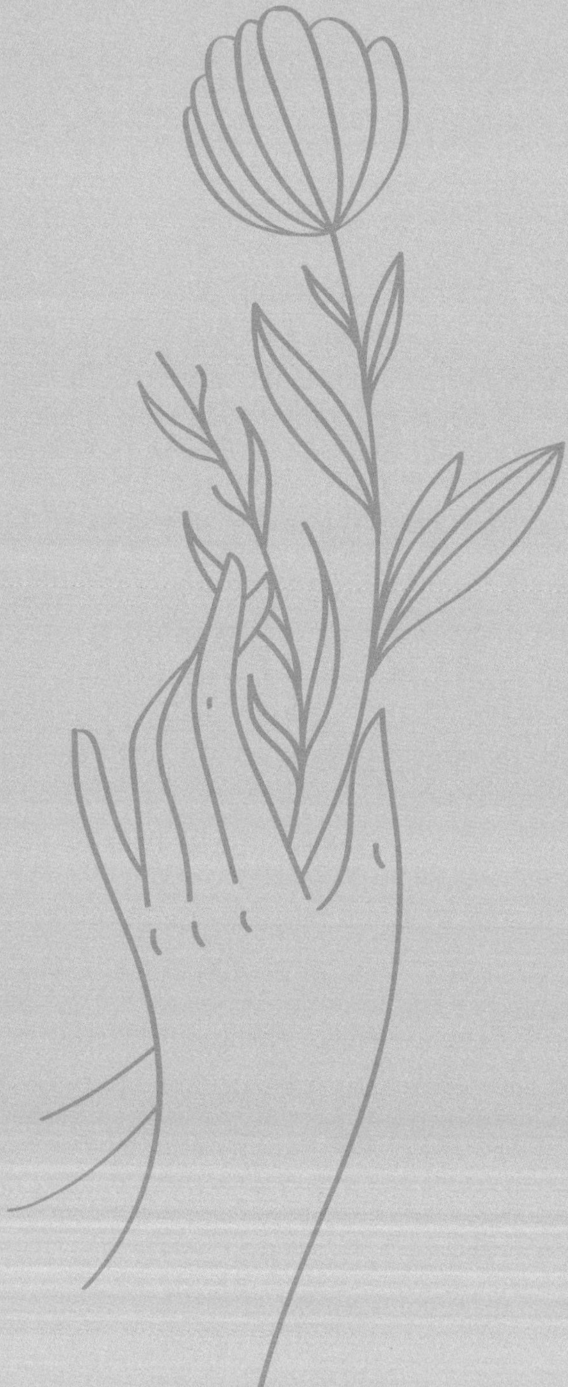

Inhaltsverzeichnis

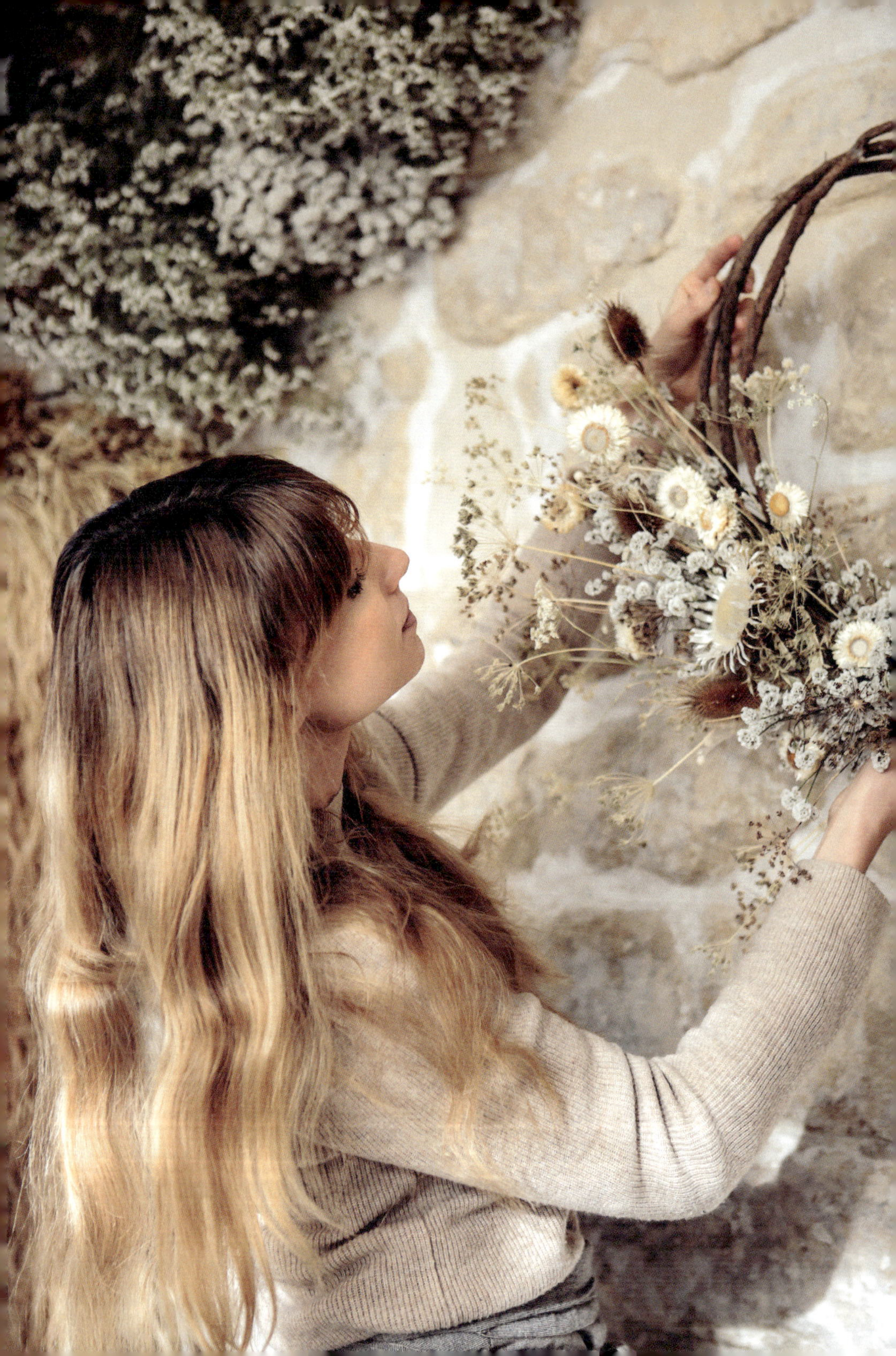

Zeitlose Blumen

Als Floristin habe ich festgestellt, dass im Winter die Auswahl an frischen Blumen begrenzt ist. Die Verwendung von Trockenblumen hat es mir ermöglicht, auch außerhalb der Saison mit einer größeren Vielfalt an Pflanzen zu arbeiten und trotzdem den Verlauf der Natur zu respektieren. Ich verwende Trockenblumen vor allem gerne wegen ihrer sanften Blondtöne und pudrigen Farbschattierungen, die viele frische Blumen nicht bieten können.

Trockenblumen haben die Macht, die Zeit stillstehen zu lassen. Sie besitzen den Charme der Vergangenheit, den Charme jener Dinge, die wir uns gerne als Erinnerung an den Sommer behalten. Ihre Farben verändern sich mit der Zeit, so werden die Blumen zu einem sich verändernden Stück Heimdekor. Trockenblumen sind oft Feld- oder Wiesenblumen, winterhart und robust, die der Sommerhitze trotzen können, um im Herbst in goldenen Farbtönen zu erstrahlen. Zwar sprechen wir hier meist von Blumen, oft handelt es sich jedoch genau genommen um Unkraut, Gräser oder Getreidepflanzen. Leicht, luftig und natürlich sind sie eine willkommene Dekoration für Häuser und Wohnungen im Boho-Stil.

Die schönsten Sträuße sind immer jene, die ich aus Blumen gebunden habe, die ich auch selbst gesammelt habe. Daher war es mir wichtig, dass dieses Buch eine Auswahl an Blumen präsentiert, die einfach selbst gesammelt und getrocknet werden können. Es soll auch eine Einführung in das Trocknen von Blumen sein, mit Anleitungen, die sich zuhause gut umsetzen lassen.

Ich hoffe, dass dieses Buch **ein Anreiz ist, die Natur zu erkunden,** genau zu beobachten und unsere Felder, Wiesen und Wegränder mit anderen Augen zu betrachten, um die Schätze, die dort wachsen, zu entdecken und zu konservieren.

KAPITEL I

Blumen sammeln, trocknen und konservieren

Vom Sommer bis in den Herbst bietet die Natur zahlreiche Blumen, Kräuter und Getreidepflanzen, die sich zum Trocknen eignen. So wie Sie in der Küche Lebensmittel durch Einkochen oder Einlegen haltbar machen, können Sie Ihre Pflanzen einfach trocknen und sich so das ganze Jahr über an ihnen erfreuen.

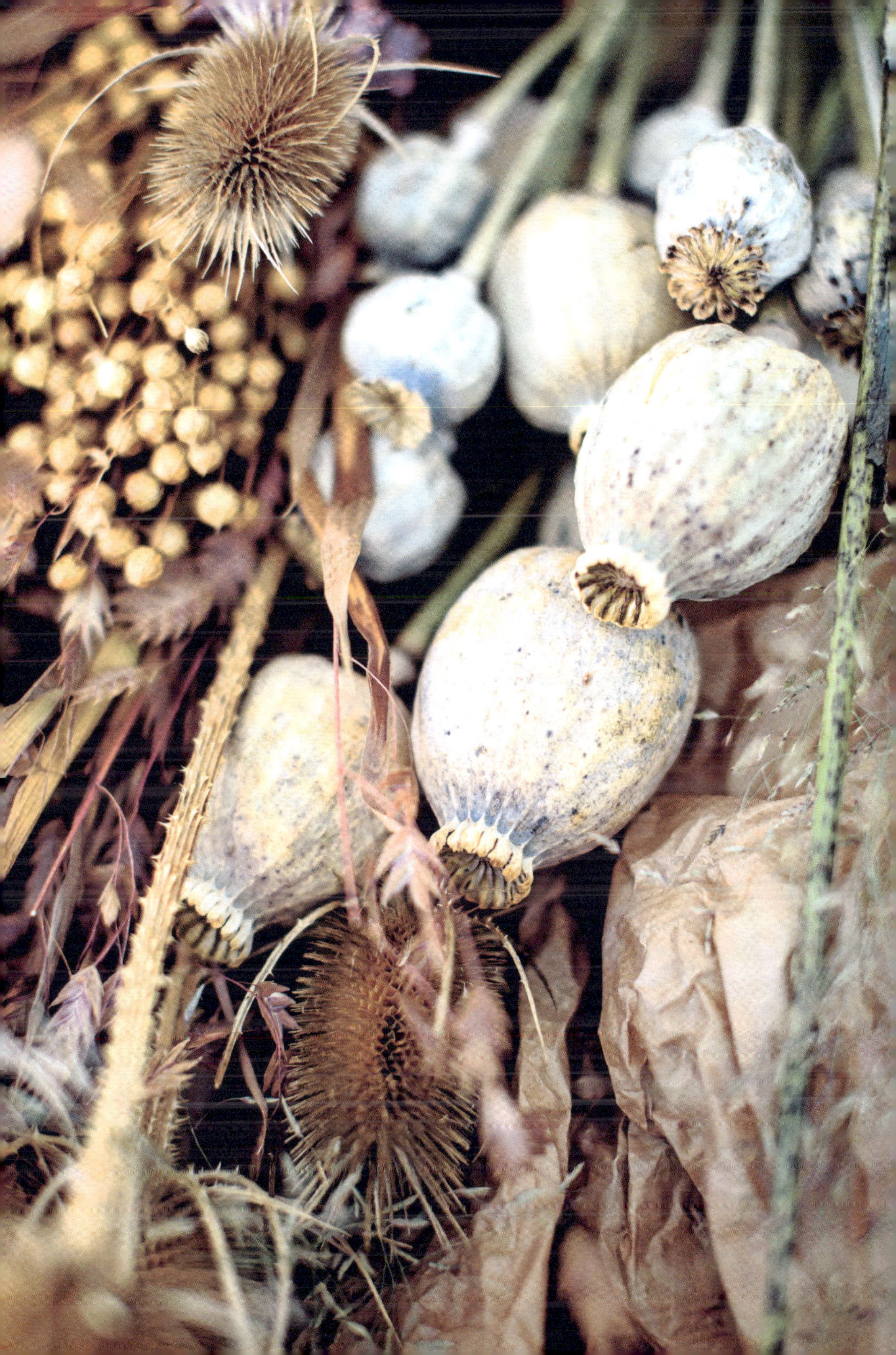

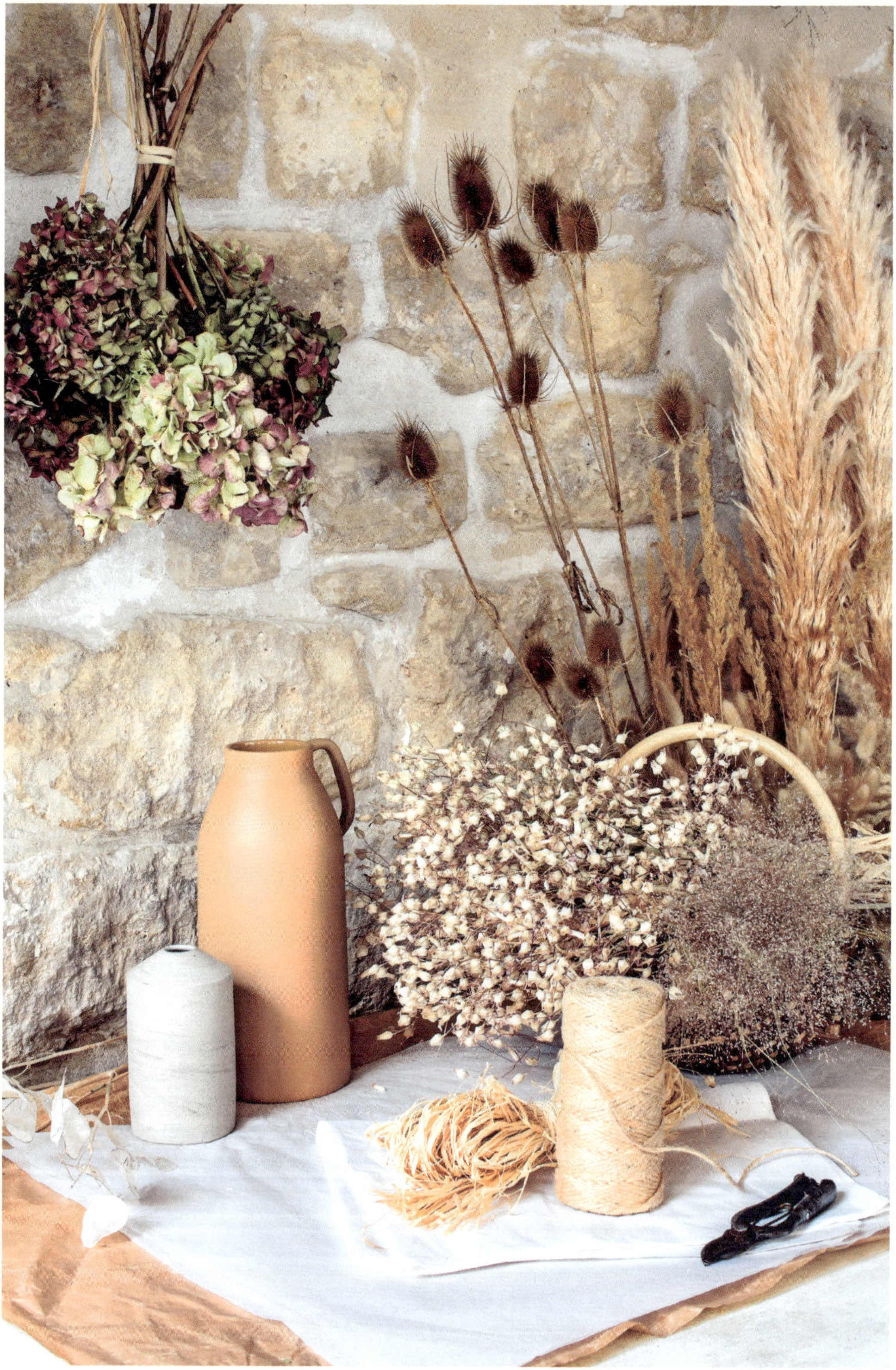

Erste Schritte

Das Trocknen von Blumen erfordert sehr wenig Ausstattung und viele Arten können Sie beim Spazierengehen in der Natur selbst sammeln.

Spaziergänger, haltet die Augen offen! Einige Wildblumen sind leicht zu finden für diejenigen, die sich die Zeit nehmen, die Natur genau zu beobachten, denn sie wachsen am Straßen- oder Wegesrand. Samtgras, zum Beispiel, und andere Vertreter aus der großen Familie der Gräser, die von Floristen manchmal übersehen werden, lassen sich leicht sammeln und trocknen und sind ein hübscher Bestandteil haltbarer Blumensträuße.

Wenn Sie zu einem Spaziergang aufbrechen, nehmen Sie eine Gartenschere und einen Korb zum Sammeln von Blumen und Pflanzenmaterial mit. Respektieren Sie die Natur und gehen Sie sorgsam mit ihr um, indem Sie nur kleine Mengen von jeder Pflanze abschneiden.

Verlieren Sie keine Zeit und beginnen Sie möglichst bald mit dem Trocknen! Die Qualität der getrockneten Blumen hängt von den Rohstoffen ab; die Blumen müssen wirklich frisch sein, daher sollten Sie sie so schnell wie möglich nach dem Sammeln zum Trocknen vorbereiten. Es ist ratsam, die Blumen morgens zu sammeln, bei trockenem, sonnigem Wetter, da Feuchtigkeit die Trocknungszeit verlängert und die Farben matt erscheinen lässt.

Wenn Sie von Ihrem Spaziergang zurück sind, können Sie, falls nötig, die Blumen ein paar Stunden in Wasser stellen, damit Ihre gefundenen Schätze an Frische zurückgewinnen, bevor sie getrocknet werden. Sie können Ihre Blumen auch bei einem Blumenhändler in der Umgebung kaufen, vorausgesetzt, sie sind wirklich sehr frisch. Die Blumen haben, nachdem sie geerntet wurden, bereits den Transport zum Händler hinter sich, fragen Sie daher am besten nach Ware, die erst kürzlich angeliefert wurde. Die Blumen dürfen keine Anzeichen von Verwelkung zeigen und ihre Blätter und Stiele müssen wirklich grün sein.

Zuhause beginnen Sie rasch mit dem Trocknen. Bei Ihrem Blumenhändler finden Sie vielleicht auch importierte, exotische Pflanzen, die bereits getrocknet sind, wie z. B. Banksien.

DAS BRAUCHEN SIE

- Gartenschere
- Korb
- Naturbast
- Seidenpapier oder Packpapier

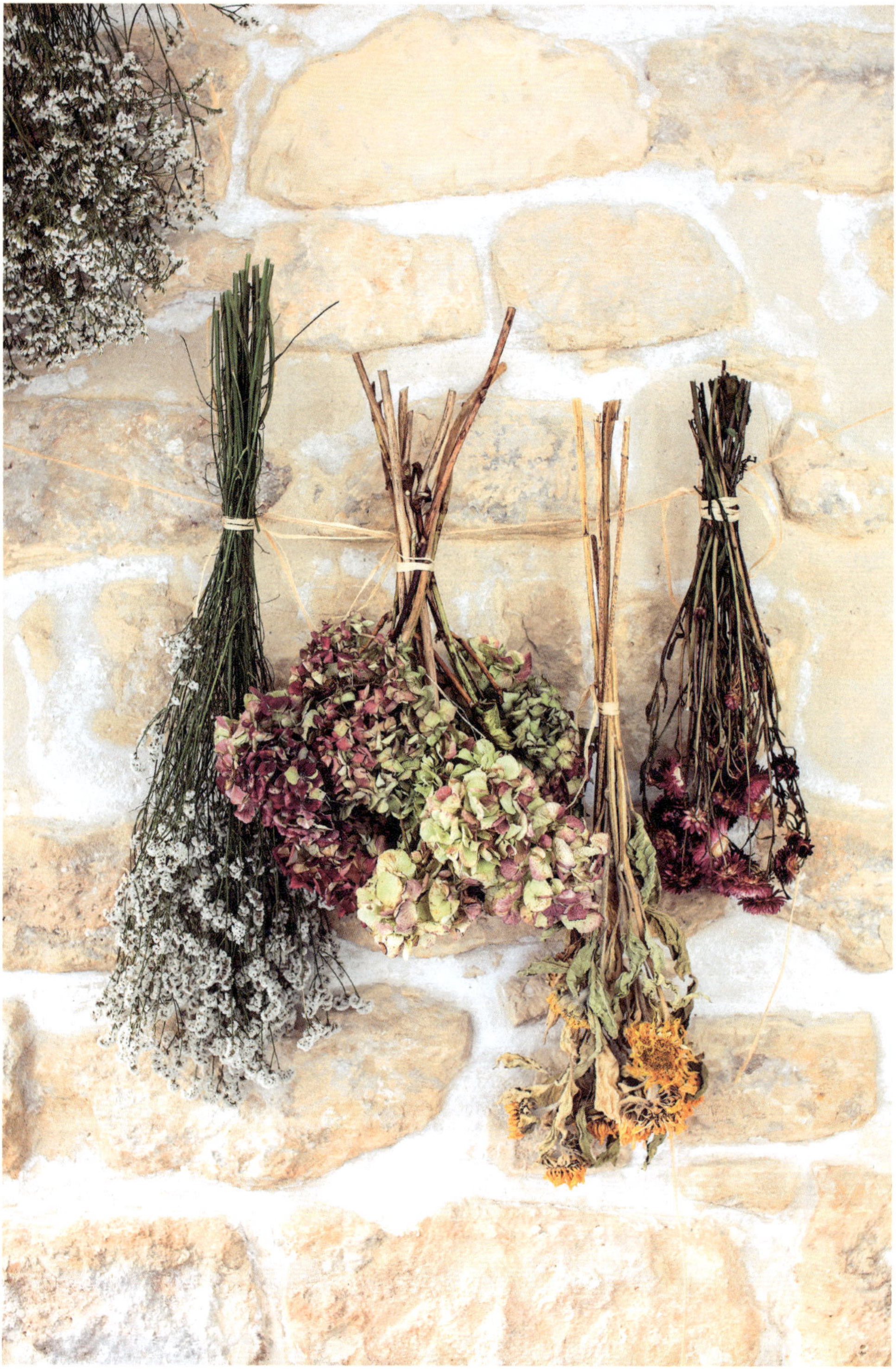

Trocknen an der Luft

Blumen kopfüber aufzuhängen, ist die einfachste und natürlichste Art, Pflanzen zu trocknen. Nahezu alle Blumen und Gräser können auf diese Weise getrocknet werden.

Binden Sie Ihre Blumen mit einem Stück Naturbast oder einem Gummiband zu kleinen Sträußchen von fünf bis zehn Stielen zusammen. Entfernen Sie die Blätter unterhalb der Stelle, an der die Blumen zusammengebunden sind. Binden Sie die Sträußchen fest zusammen, da sie beim Trocknen nach und nach an Volumen verlieren. Achten Sie darauf, die Blumen in der Höhe etwas zu versetzen, damit die Blütenköpfe einander nicht berühren oder beschädigen können. Hängen Sie die Sträußchen dann in ausreichendem Abstand zueinander auf, damit die Luft gut zirkulieren kann (ca. 25 cm).

Die Sträußchen können kopfüber an einer Stange, an einer Schnur, an der Decke oder an einem Haken aufgehängt werden, vorausgesetzt, sie befinden sich an einem gut belüfteten, vor Tageslicht und Staub geschützten Ort.

Wenn Sie die Blumen nicht lichtgeschützt trocknen können, wickeln Sie sie in Packpapier oder Seidenpapier, sodass die Sträußchen vollständig bedeckt sind, um den Blumen zumindest ein Minimum an Schutz zu bieten.

Die Trockenzeit variiert von einer Art zur anderen und reicht von einer Woche für kleine, zarte Pflanzen bis zu einem Monat für die kräftigsten. Behalten Sie die Pflanzen während des Trocknens genau im Auge; sie sind fertig getrocknet, sobald die Blätter zwischen den Fingern zerbröseln.

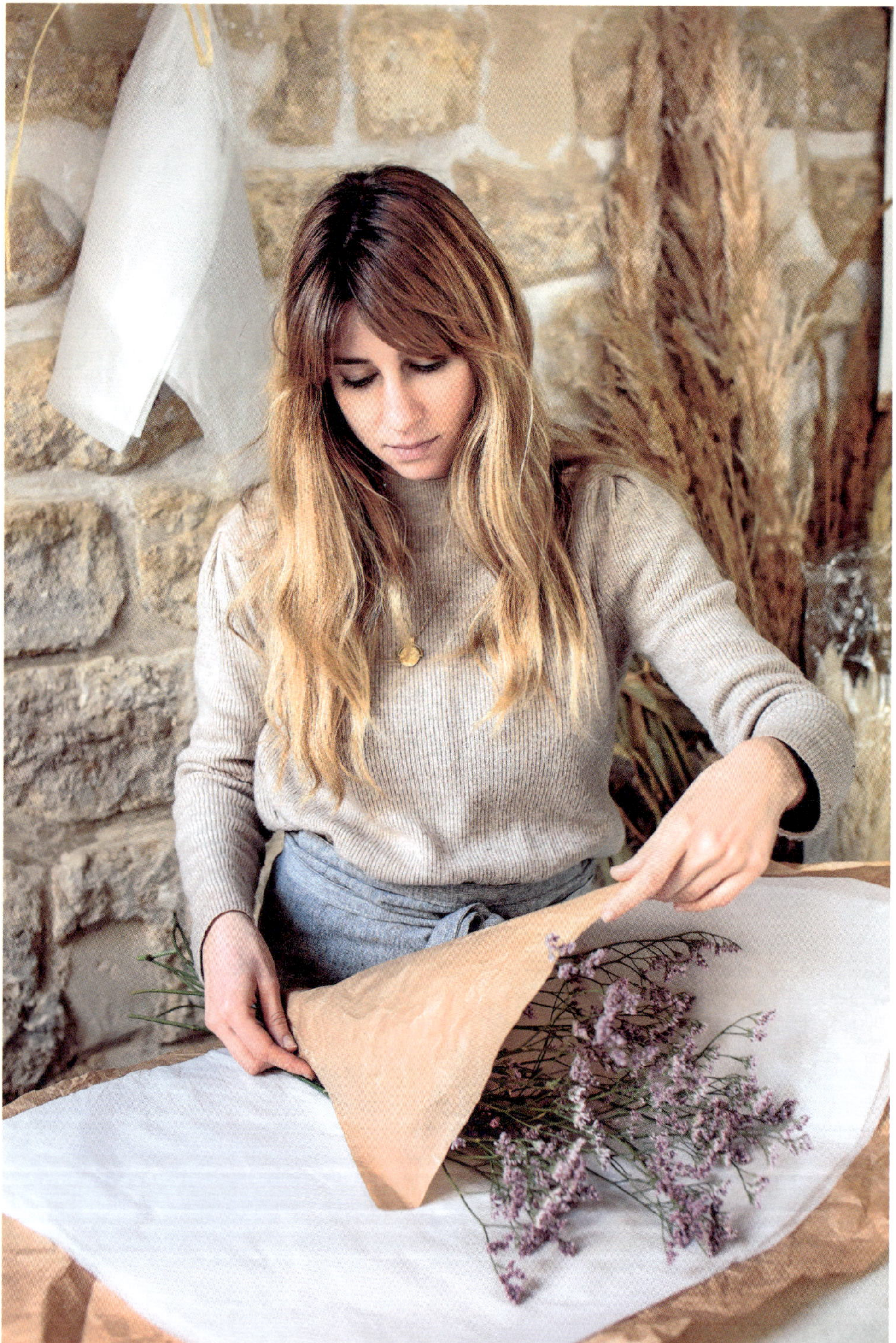

Getrocknete Blumen aufbewahren

Zum Aufbewahren können Sie Ihre getrockneten Blumen flach in eine Schachtel legen, in die Sie davor zur Belüftung einige Löcher gemacht haben.

Getrocknete Blumen sind empfindlich, daher müssen sie sehr vorsichtig behandelt werden! Wickeln Sie jeden Strauß in Seidenpapier (oder Küchenpapier) und schlichten Sie die Sträuße Kopf an Kopf in die Schachtel. So sind sie sicher aufbewahrt, bis sie weiter verwendet werden.

Sobald Ihre Trockenblumen-Kreationen fertig sind, bewahren Sie diese vorzugsweise in einem Raum auf, in dem die Luftfeuchtigkeit möglichst gering ist. Abhängig von der Art der Pflanzen und den Bedingungen, unter denen sie aufbewahrt werden, können bestimmte Trockenblumen Ihr Zuhause für viele Jahre verschönern.

Leider gibt es kein Wundermittel um zu verhindern, dass Staub und Sonnenlicht die Blumen mit der Zeit verblassen lassen. Aber das sorgt für ihren besonderen Charme! Sie können jedoch den Staub von Ihren Lieblingssträußen behutsam mit einem Fön mit Kaltluft oder mit einem weichen Pinsel entfernen.

Trockenblumen-Arrangements unter einer Glaskuppel aufzubewahren, ist eine sehr effektive Methode, um diese vor Staub und Feuchtigkeit zu schützen (siehe „Blumen unter der Glaskuppel", Seite 133).

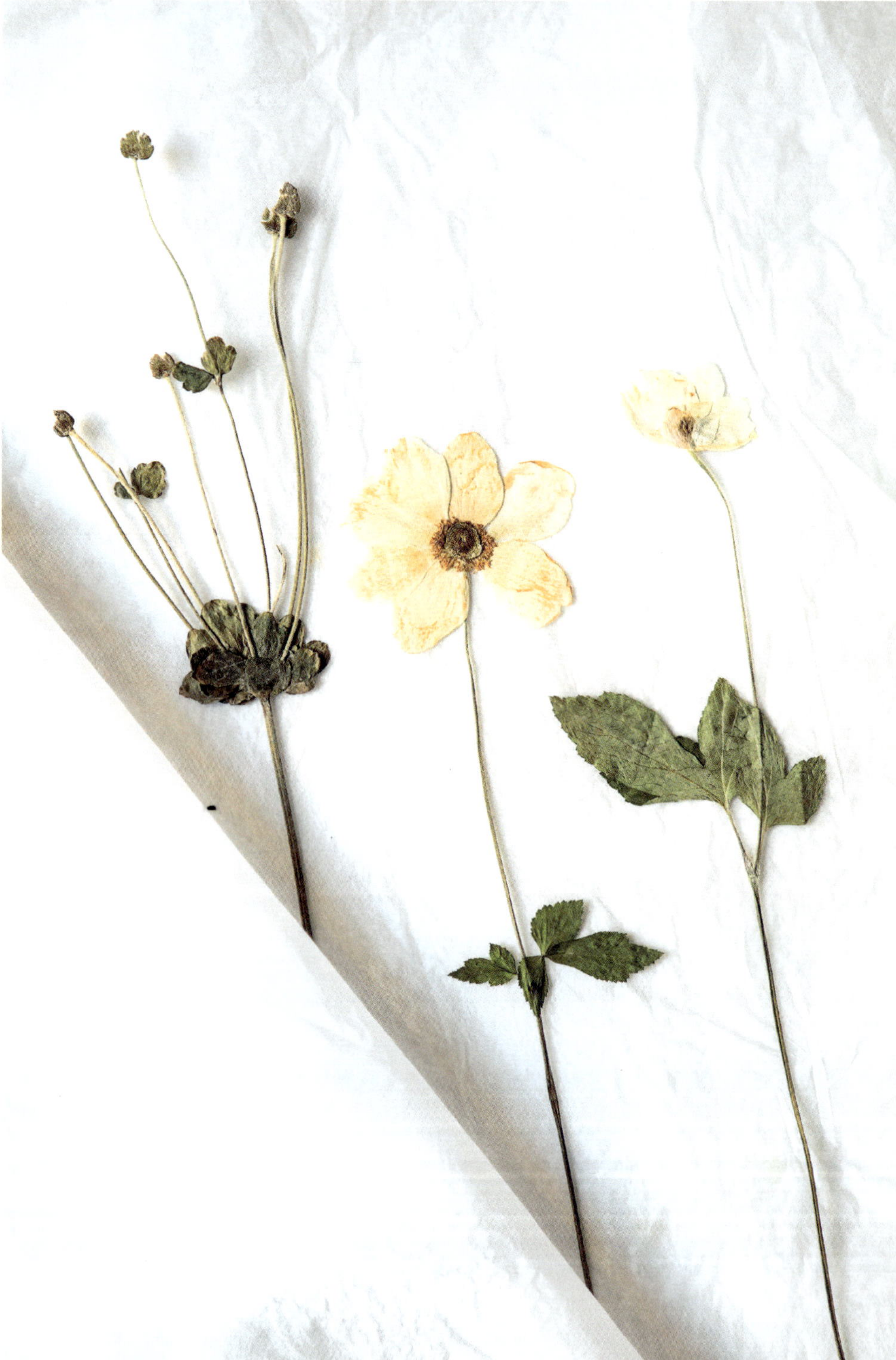

Gepresste Blumen: Blumen in einem Herbarium* konservieren

Blumen durch Trocknen und Pressen haltbar zu machen, ist eine alte und sehr einfache Technik. Wir haben sie alle in der Kindheit schon ausprobiert, als wir im Herbst unsere gefundenen Schätze – rostrote Blätter oder bunte Blüten – zwischen den Seiten der dicksten Bücher getrocknet haben.

Herbarien werden in der Botanik seit Jahrtausenden verwendet, um die Vielfalt der Pflanzenwelt zu katalogisieren und zu studieren. Das Gestalten des eigenen Herbariums mit den selbst gesammelten Blumen und Pflanzen ist eine ganz besondere Möglichkeit, die Natur zu beobachten und zu verstehen. Sie können Ihre Pflanzen entweder sorgfältig gepresst in einem Buch aufbewahren, ähnlich einem persönlichen Tagebuch, oder Sie dekorieren Ihr Zuhause damit.

Legen Sie Ihre gesammelten Schätze vorsichtig auf Seidenpapier oder Löschpapier, legen Sie dann ein weiteres Blatt Seiden- oder Löschpapier darauf und drucken Sie es mit der Hand fest auf die Blumen, dann legen Sie eine weitere Schicht Blumen darauf, dann wieder ein Blatt Papier usw. Fahren Sie so fort, bis alle Pflanzen aufgebraucht sind. Legen Sie die zwischen Papier geschichteten Pflanzen zwischen zwei Bögen dicke Wellpappe. Legen Sie einen schweren Gegenstand (Gewicht, Buch, Briefbeschwerer, etc.) darauf und gedulden Sie sich ein paar Wochen.

Sobald die Pflanzen getrocknet sind, können Sie diese in ein Sammelalbum oder auf große Blätter Kunstdruckpapier kleben, um dekorative Bilder im Stil botanischer Illustrationen zu gestalten. Kleben Sie die getrockneten Blumen vorsichtig mit weißem Klebstoff oder dünnen Streifen Papierklebeband auf. Vergessen Sie nicht, die Blumen in Ihrem Herbarium mit den folgenden Informationen zu versehen: Art der Pflanze, Datum und Ort, wo sie geerntet wurde (siehe „Natürliches Herbarium", Seite 117).

* Herbarium = Album für gepresste Pflanzen

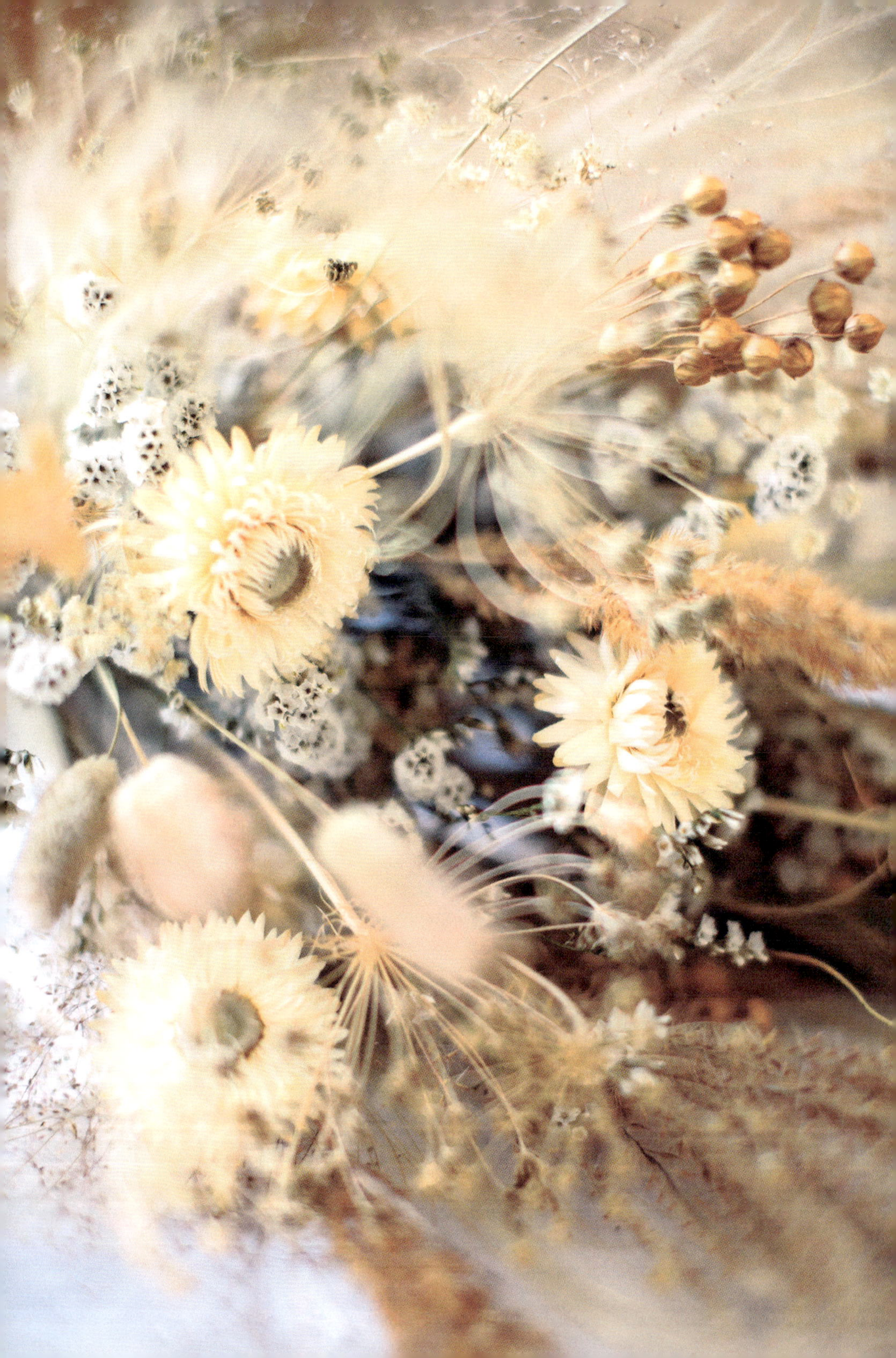

KAPITEL II

Blüten-kunde

Nicht alle Blumen bieten sich gleich gut zum Trocknen an. Im folgenden Kapitel finden Sie eine Auswahl an Pflanzen, die sich – egal, ob selbst gesammelt oder frisch beim Floristen gekauft – einfach trocknen lassen. Die Auswahl erhebt keinen Anspruch auf Vollständigkeit. Beschränken Sie sich daher nicht auf diese Liste, machen Sie zu Hause Ihre eigenen Versuche – Sie werden mit schönen Überraschungen belohnt werden!

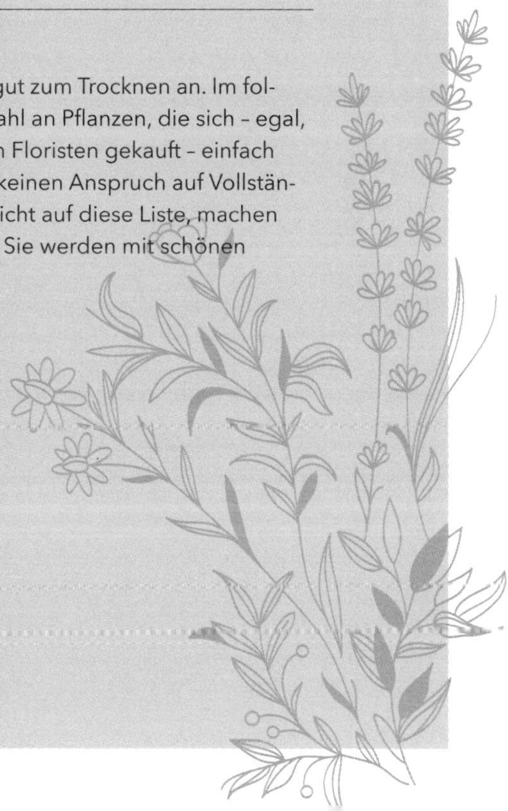

Gold-Schafgarbe

Achillea fillipendulina

Es gibt Hunderte Sorten von Schafgarben, die Gold-Schafgarbe behält beim Trocknen jedoch besonders gut ihre goldgelbe Farbe. Sie ist, auch im getrockneten Zustand, eine kräftige Pflanze, ihre Blütenköpfe sind voluminös und verleihen Trockenblumensträußen Körper.

SAISON

Sammeln Sie die Gold-Schafgarbe von Juli bis September.

TIPP

Die Gold-Schafgarbe ist eine kultivierte Schafgarben-Sorte. Aber auch die gewöhnliche weiße oder rosa Schafgarbe *(Achillea millefolium)*, die häufig am Wiesen- oder Wegesrand wächst, kann getrocknet werden.

(Für die Verwendung der Gold-Schafgarbe in einem Strauß, siehe „Sommerstrauß“, Seite 85.)

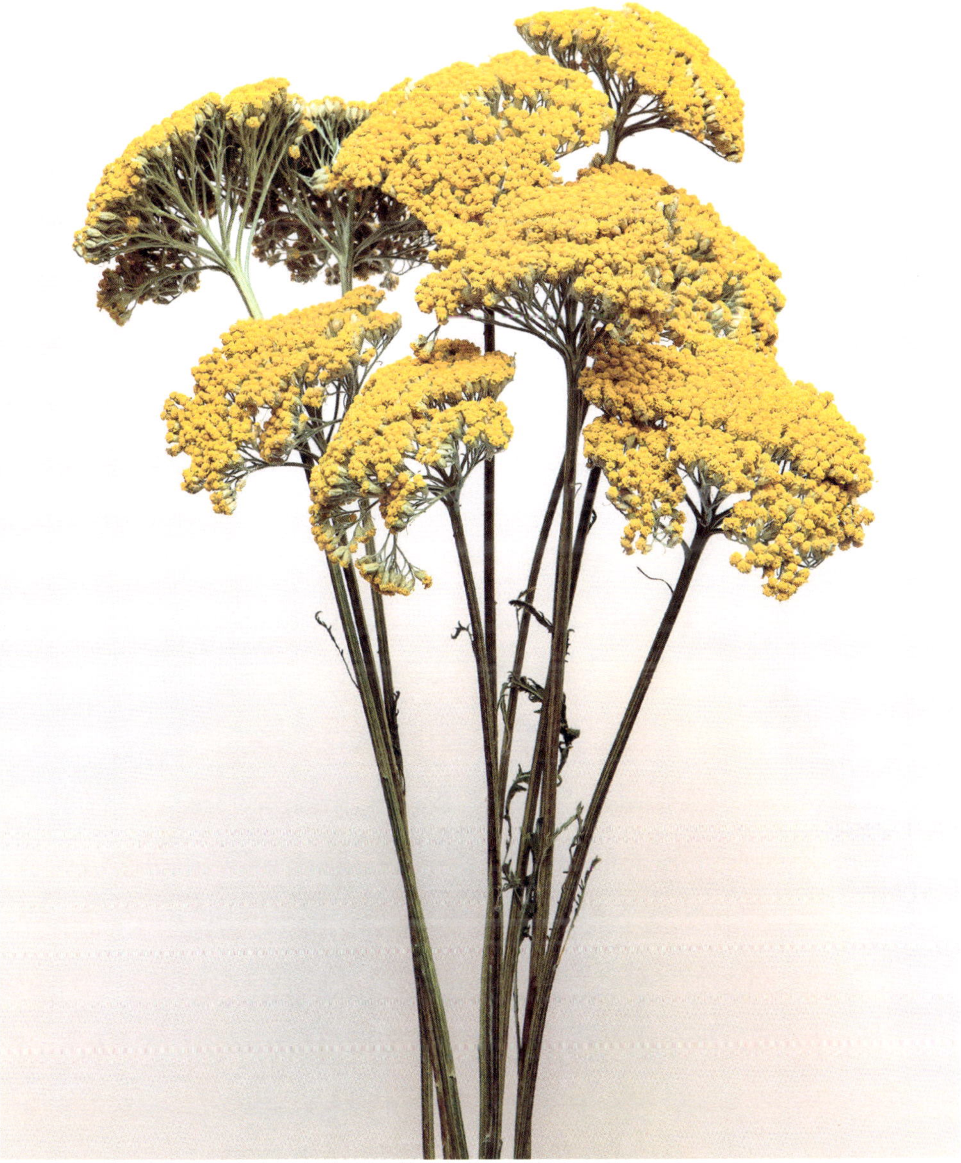

Sonnenstrohblume (Paper Daisy)

Acroclinium var.

*D*ie Sonnenstrohblume, mit ihren leuchtend rosa oder weißen Blüten, ist eine Blume, die in getrocknetem Zustand hervorragend haltbar ist. Gelegentlich wird sie aufgrund der Struktur ihrer getrockneten Blüten mit der Strohblume verwechselt, von der sie sich jedoch durch ihre leuchtend gelbe Mitte unterscheidet.

SAISON

Die Sonnenstrohblume blüht von Juni bis Oktober.

TIPP

Sammeln Sie die Sonnenstrohblume, kurz bevor sich die Blütenköpfe vollständig geöffnet haben, und trocknen Sie sie kopfüber. Während des Trocknens öffnen sich die Blüten zum voll erblühten Zustand und die gelbe Mitte kommt zum Vorschein.

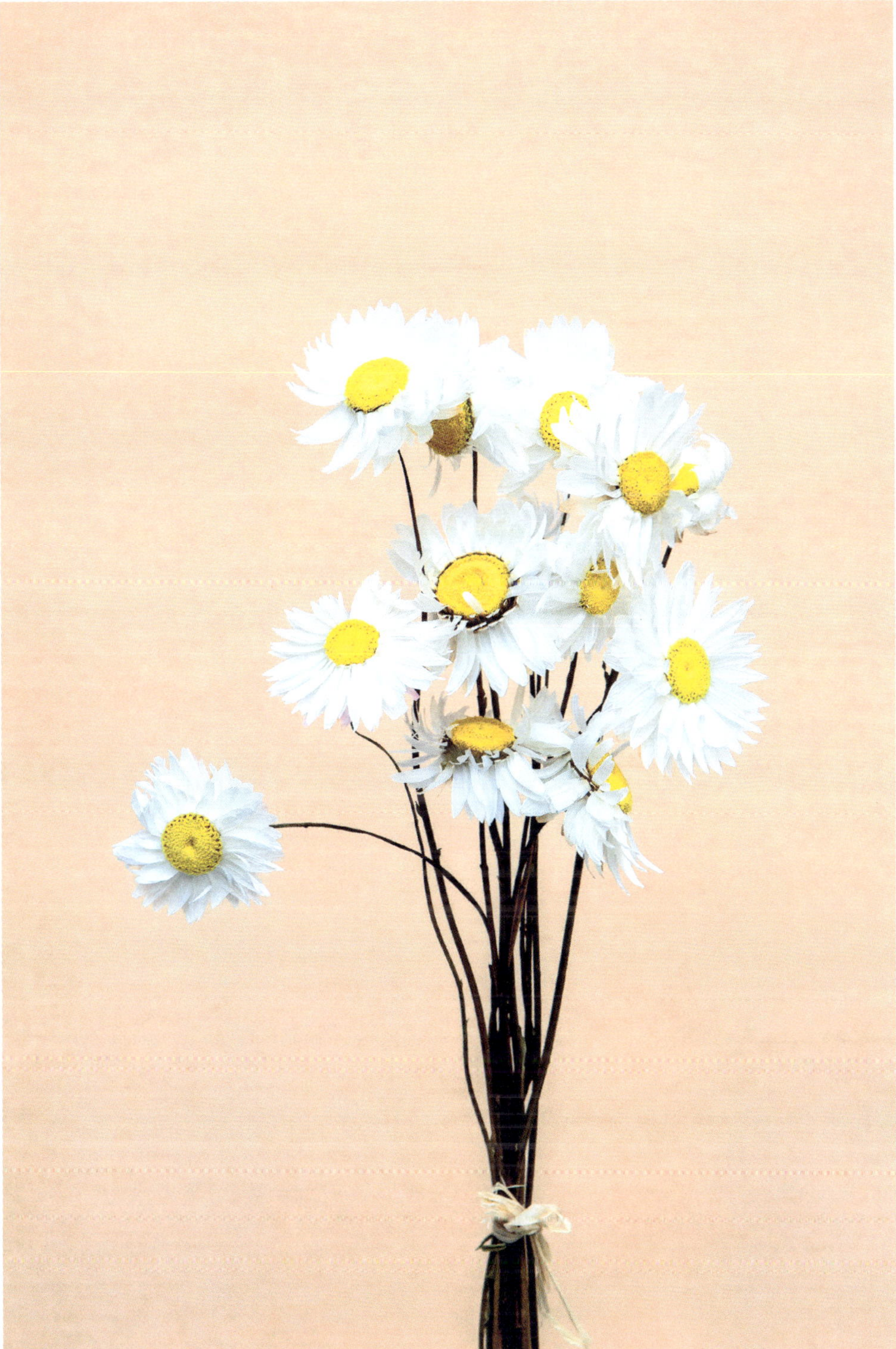

Purpurroter Amarant (Prinzenfeder)

Amaranthus paniculatus

Der Name *Amaranthus* kommt aus dem Griechischen und bedeutet „nicht welkend" und tatsächlich verwelkt oder verblasst Amarant nicht. Die spitz zulaufenden Blüten (auch Fruchtstände genannt) behalten ihre purpurrote Farbe noch lange nach dem Trocknen, deshalb hat die Pflanze diesem rot-violetten Farbton seinen Namen gegeben. Neben dem roten gibt es auch grüne und orangefarbene Amarant-Sorten, die Sie ebenfalls trocknen können.

SAISON

Amarant blüht von Juli bis Oktober.

TIPP

Amarant-Samen sind essbar und liefern viel Eiweiß. Schneiden Sie die Fruchtstände im Spätsommer ab und trocknen Sie sie, dann lösen Sie die Samen durch leichtes Klopfen heraus und lassen diese auf einem Tuch trocknen. Sieben Sie die Samen, sobald sie trocken sind.

(Für die Verwendung des Purpurroten Amarants in einem Strauß, siehe „Strauß zum Trocknen", Seite 97.)

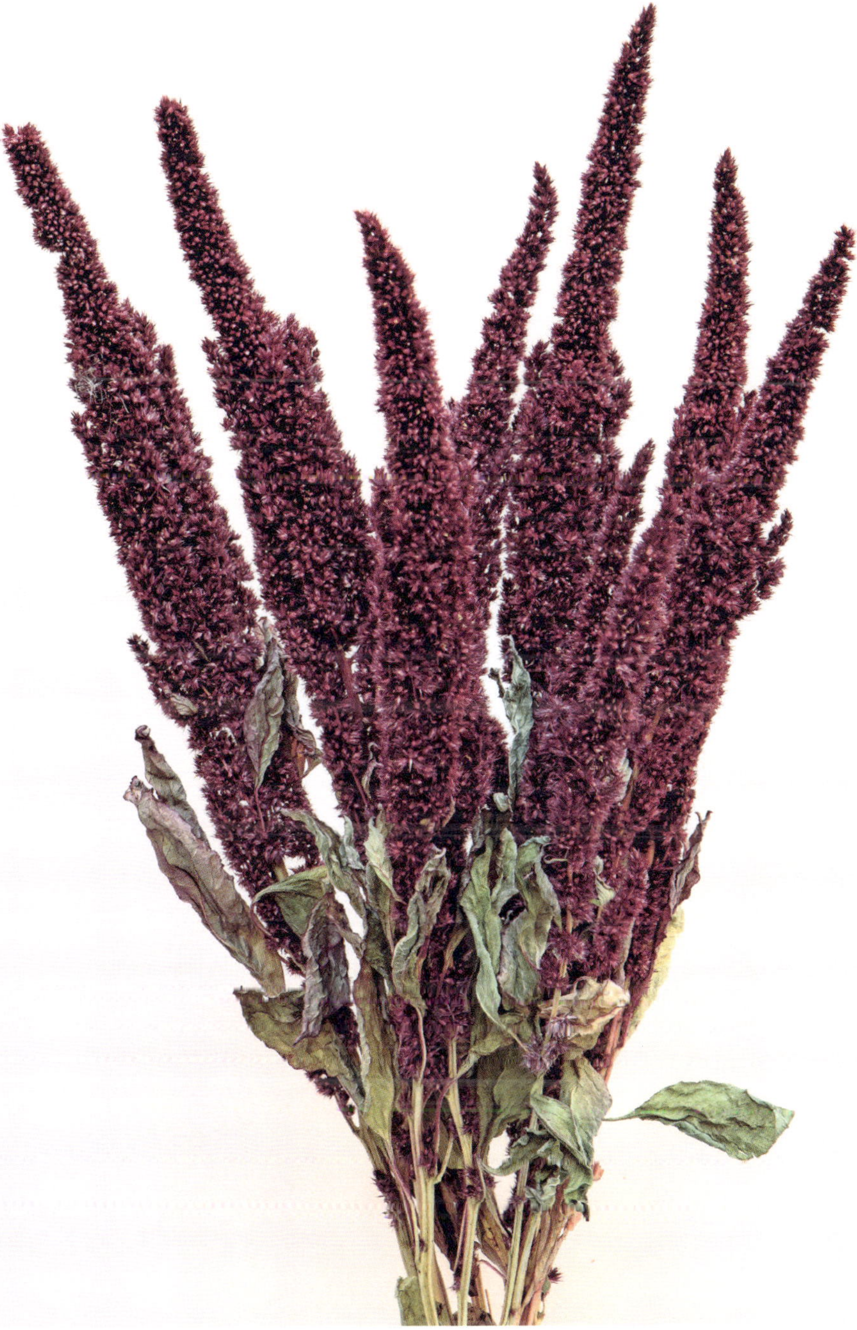

Bischofskraut

Ammi visnaga

Die Blüten des Bischofskrauts sind weiß und behalten beim Trocknen eine zarte Elfenbeinfarbe. Die Pflanze wird zwischen 50 Zentimeter und über 1 Meter hoch und verleiht Arrangements so Höhe und Leichtigkeit. Das Bischofskraut stammt aus dem Mittelmeerraum und ist sehr gut an die Sommerhitze angepasst. Wenn es auf natürliche Weise dort vertrocknet, wo es wächst, härtet es aus und kann, sobald es getrocknet ist, abgeschnitten werden.

SAISON

Das Bischofskraut blüht von Juni bis Oktober.

TIPP

Es ist am besten, Bischofskraut selbst zu trocknen, da es beim Blumenhändler nur selten getrocknet zu finden ist.

(Für ein Arrangement aus Bischofskraut und Wildblumen, siehe „Feldblumenstrauß", Seite 80.)

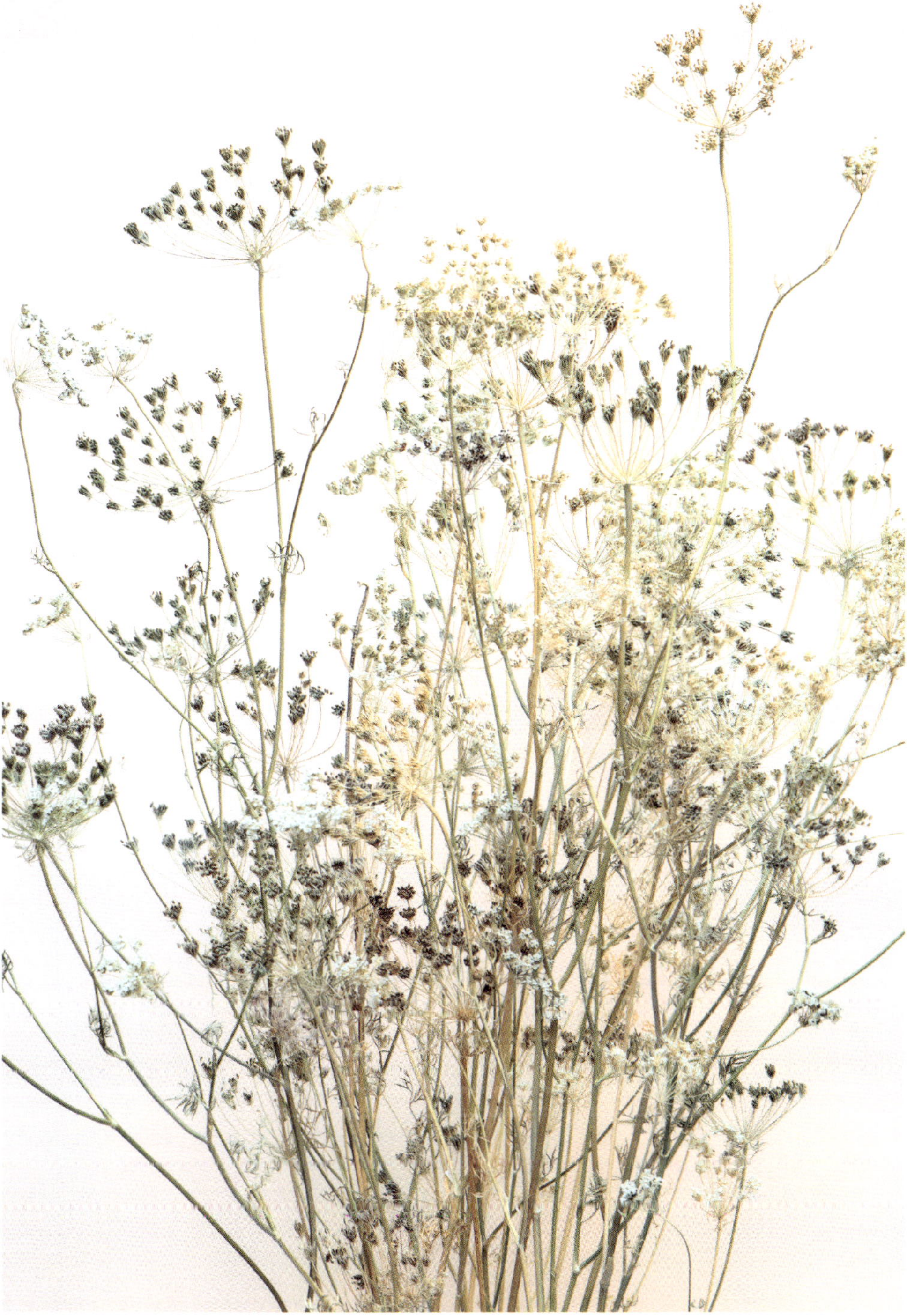

Papier-knöpfchen (Sandimmortelle)

Ammobium alatum

Das Papierknöpfchen hat kleine weiße Blüten mit gelber Mitte. Es eignet sich ideal zum Trocknen an der Luft und hält in getrocknetem Zustand jahrelang. Während des Trocknens nehmen die weißen Blütenblätter eine papierähnliche Struktur an.

SAISON

Das Papierknöpfchen blüht von Juni bis September.

TIPP

Ernten Sie die Papierknöpfchen im Garten, wenn die Blüten noch geschlossen sind. Wenn sie trocknen, öffnen sie sich und ihre gelbe Mitte kommt zum Vorschein.

(Für Papierknöpfchen in einem Blumenkranz, siehe „Hochzeits-Kopfschmuck", Seite 128.)

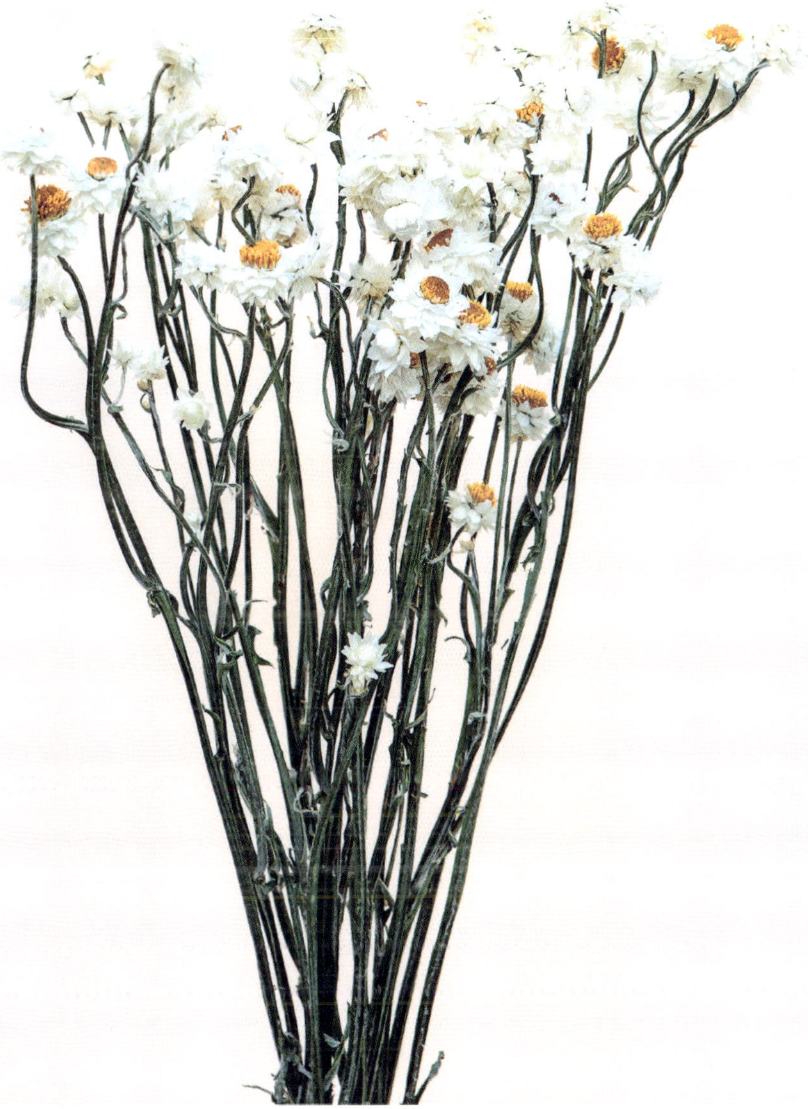

Wildhafer

Avena fatua

Hafer wird seit Tausenden von Jahren wegen seiner wertvollen Nährstoffe angebaut. Sie können ihn einfach im Sommer auf Feldern und an Straßenrändern sammeln. Hafer verleiht getrockneten Blumensträußen einen rustikalen, luftigen Touch.

SAISON

Sammeln Sie Hafer im Juli und im August.

TIPP

Sie können Hafer einfach in der freien Natur sammeln, achten Sie jedoch darauf, dass die Körner noch nicht reif sind!

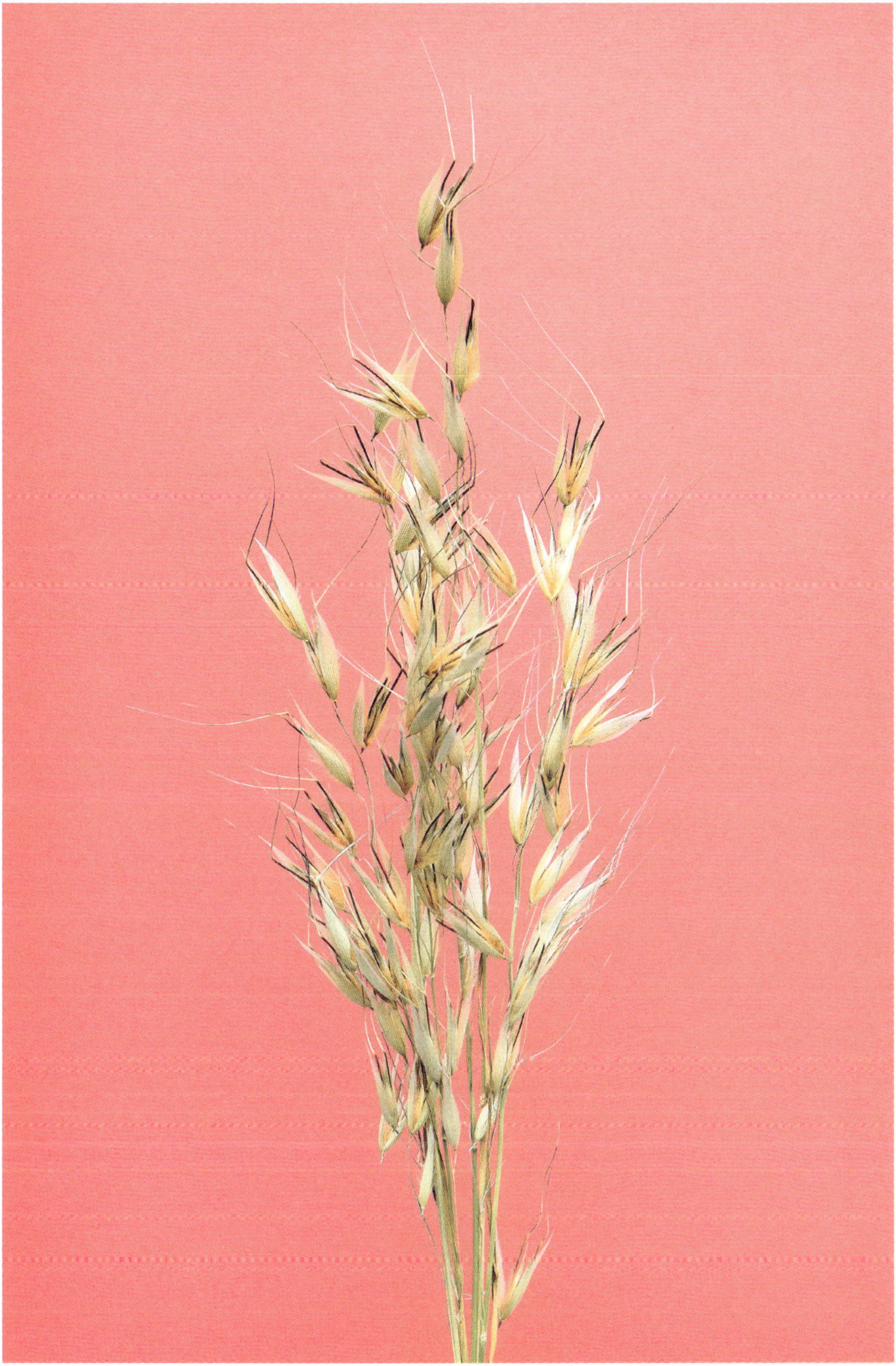

Banksie

Banksia var.

Die Banksie ist eine für Australien typische Pflanze. Außerhalb des Landes wird sie kaum angebaut, daher kann sie oft nur als importierte Ware vom Floristen bezogen werden. Es gibt viele Banksien-Sorten in unterschiedlichen Formen und Größen. Zu erkennen sind sie an ihren charakteristischen, dreieckig gezackten Blättern.

SAISON

Getrocknete Banksien werden importiert und sind in der Regel von September bis Februar erhältlich.

TIPP

Verwenden Sie Banksien, um Ihren Trockenblumen-Sträußen Volumen zu verleihen!

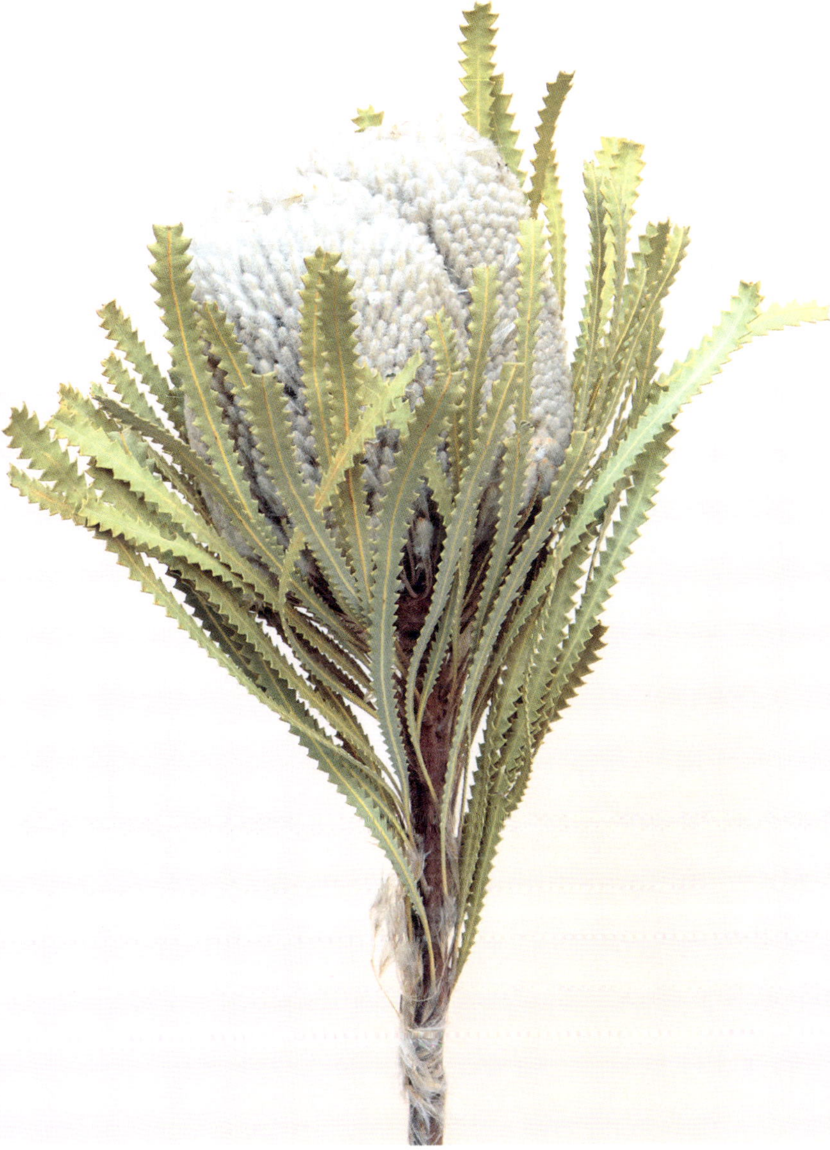

Reitgras

Calamagrostis acutiflora

Dieser feine, hochgewachsene Vertreter der Familie der Süßgräser ist auch als „Holzschilf" bekannt. Seine Ähren färben sich im Spätsommer goldgelb und eignen sich hervorragend zum Trocknen. Das Reitgras ist ein Wildgras, das auf Wiesen, Lichtungen und Dünen zu finden ist.

SAISON

Das Reitgras blüht von Juli bis August.

TIPP

Ernten Sie das Reitgras im Herbst, wenn sich die Ähren gelb färben.

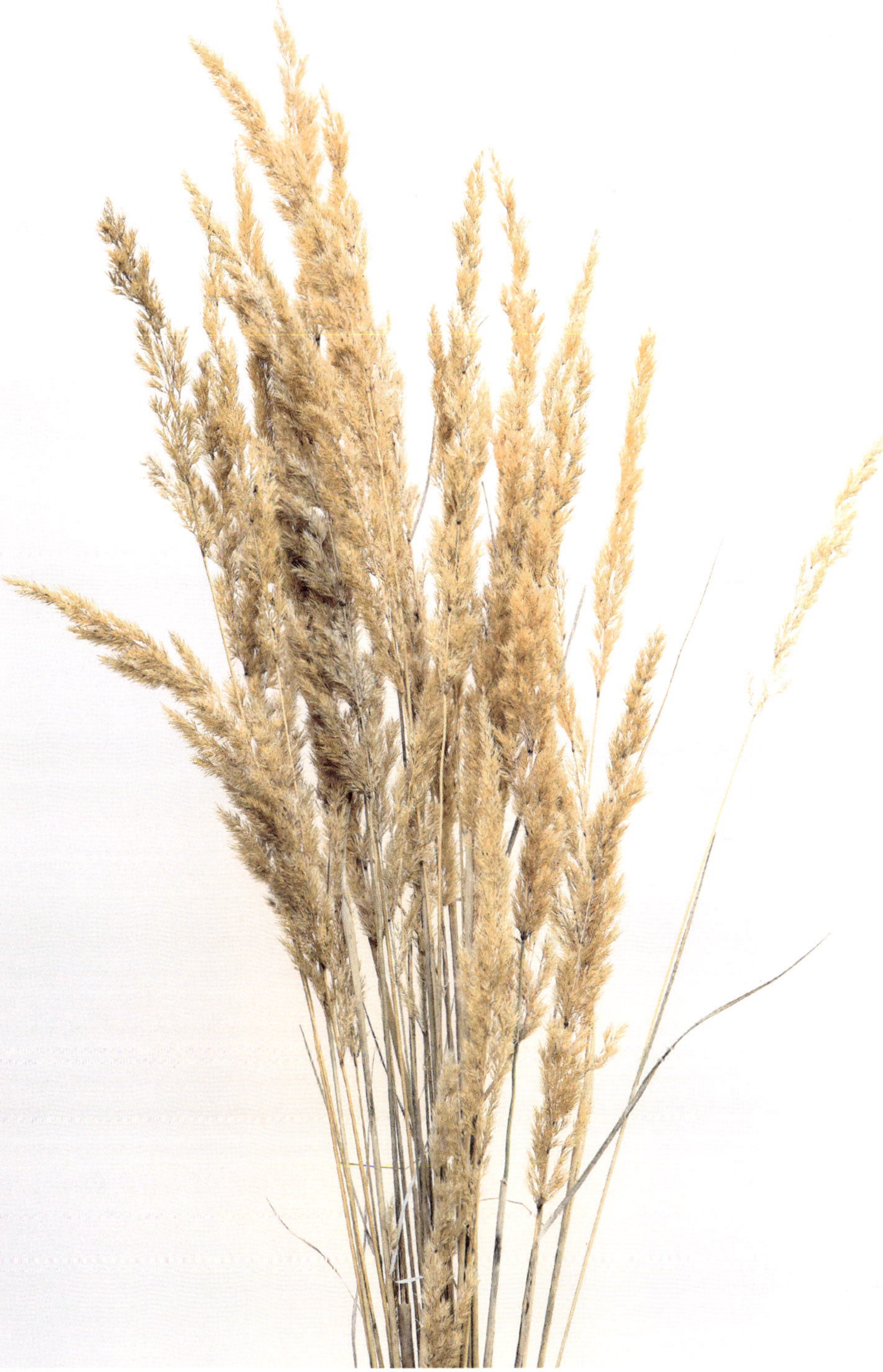

Wilde Karde

Dipsacus fullonum

Die Wilde Karde erinnert an eine große Distel, obwohl sie nicht einmal zur gleichen Pflanzenfamilie gehört. Im Juli ist die Wilde Karde zartgrün und trägt kleine zartlila Blüten. Oft trocknet sie dort, wo sie wächst, und leuchtet im Spätsommer golden im Sonnenlicht. Die Wilde Karde können Sie sehr leicht am Wegesrand, an Böschungen, auf Äckern und Wiesen finden. Inmitten von hohen Gräsern ist sie leicht zu erkennen, da sie bis zu 1,80 Meter hoch werden kann.

SAISON

Sammeln Sie die Wilde Karde im August, am Ende des Sommers.

TIPP

Schneiden Sie die Pflanzen ab, wenn die letzten Blüten abgefallen sind und die Samenköpfe einen satten goldbraunen Farbton angenommen haben. Legen Sie die Wilde Karde in Bündeln zum Trocknen in die Sonne; dann bekommt sie einen schönen blonden Farbton.

(Für die Wilde Karde in einem Kranz, siehe „Winterkranz", Seite 100.)

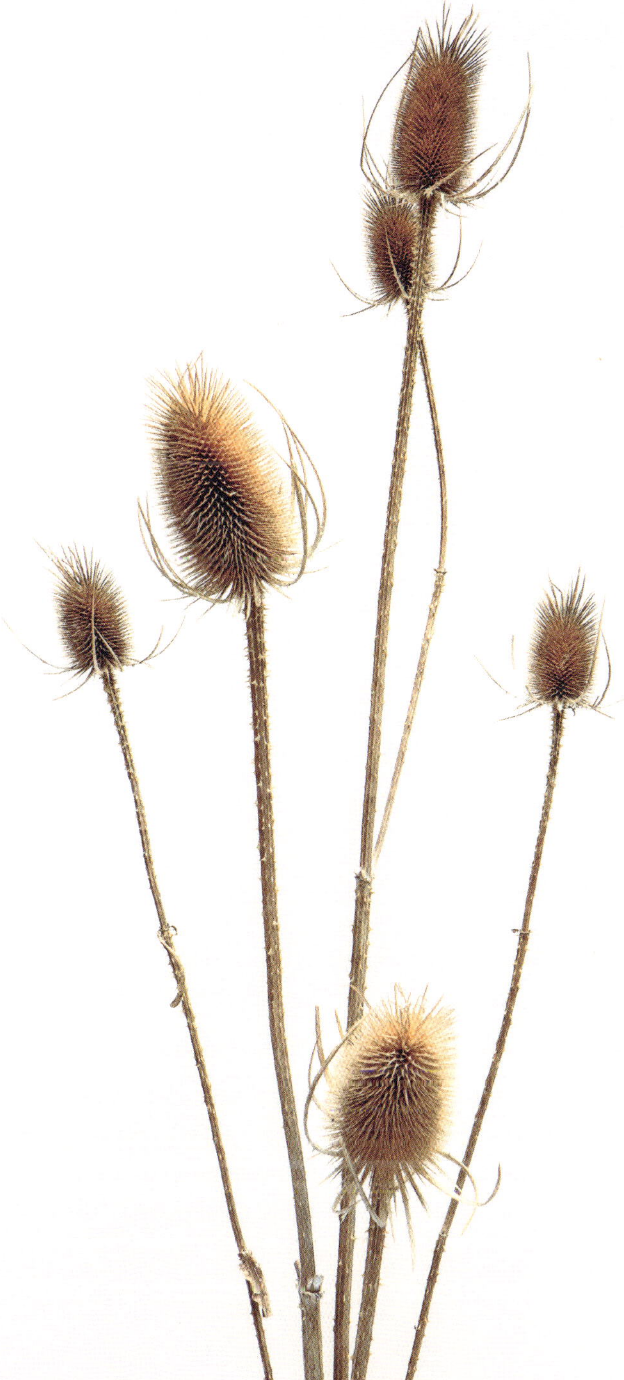

Silberdistel

Carlina acaulis

Die Silberdistel ist eine Verwandte der Distel. Ihr italienischer Name *Carlina* leitet sich wahrscheinlich vom lateinischen Wort für Distel, *carduus*, ab. Die Silberdistel ist eine seltene Blume, die durch ihren silbrigen Glanz zudem richtig faszinierend aussieht.

SAISON

Silberdisteln blühen von Juni bis Oktober. Wenn Sie sie in Ihrem Garten kultivieren, schneiden Sie sie vor Ende des Sommers ab.

TIPP

Die Silberdistel ist eine geschützte Pflanze, die in der freien Natur vom Aussterben bedroht ist. Wenn Sie das Glück haben, sie in freier Natur zu finden, bewundern Sie sie besser nur! Kaufen Sie stattdessen lieber kultivierte Exemplare bei Ihrem Floristen.

(Für die Silberdistel in einem Kranz, siehe „Winterkranz", Seite 100.)

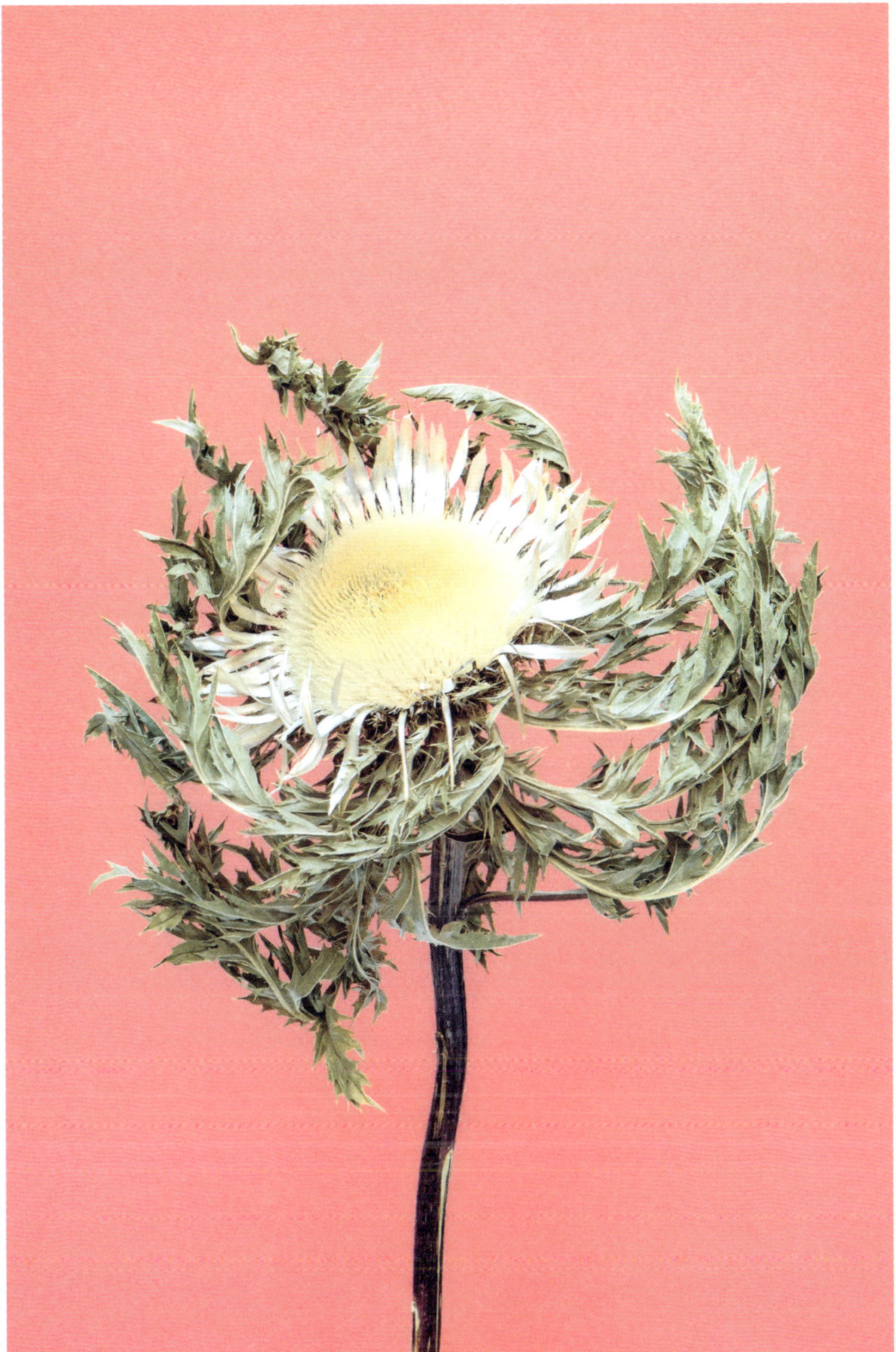

Echtes Federgras (Flunkerbart, Mädchenhaargras)

Stipa pennata

Fein wie Haare, macht dieses zarte und prachtvolle Gras seinem Namen alle Ehre! Sein hübsches Blond erinnert an den Farbton der Felder im Sommer. Das echte Federgras ist ein relativ seltenes Gras, das in der freien Natur zu den geschützten Sorten zählt; in der Natur können Sie es also nur bewundern, vorausgesetzt, Sie entdecken es an jenen trockenen, sonnigen Plätzen, wo es gut gedeiht.

SAISON

Echtes Federgras wird von Juli bis September gesammelt.

TIPP

Echtes Federgras ist selten, aber es ist nicht unmöglich, es zu finden. Wenden Sie sich an Ihren Floristen; vielleicht kann er Ihnen am Ende des Sommers einige Pflanzen besorgen.

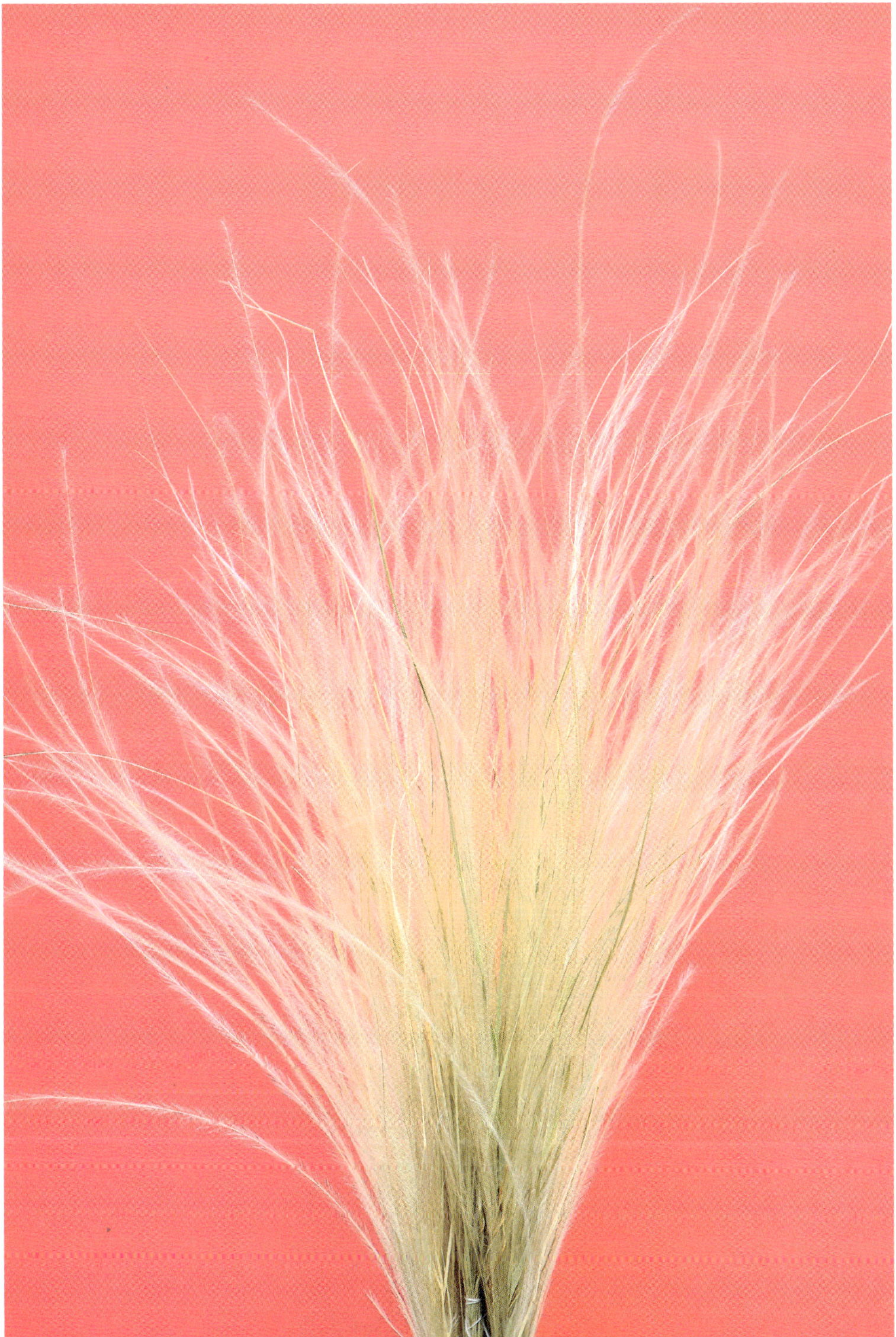

Baumwolle

Gossypium hirsutum

Baumwollzweige sind ein klassischer Bestandteil von Trockenblumensträußen. Mit ihren weichen natürlichen Blüten sind sie besonders im Winter in Weihnachtskränzen oder einfach in einer Vase sehr dekorativ.

SAISON

Getrocknete Baumwollzweige sind das ganze Jahr über beim Blumenhändler erhältlich.

TIPP

Verwenden Sie eine ausreichend hohe, schwere Vase, die durch das Gewicht der Baumwollzweige nicht umkippen kann.

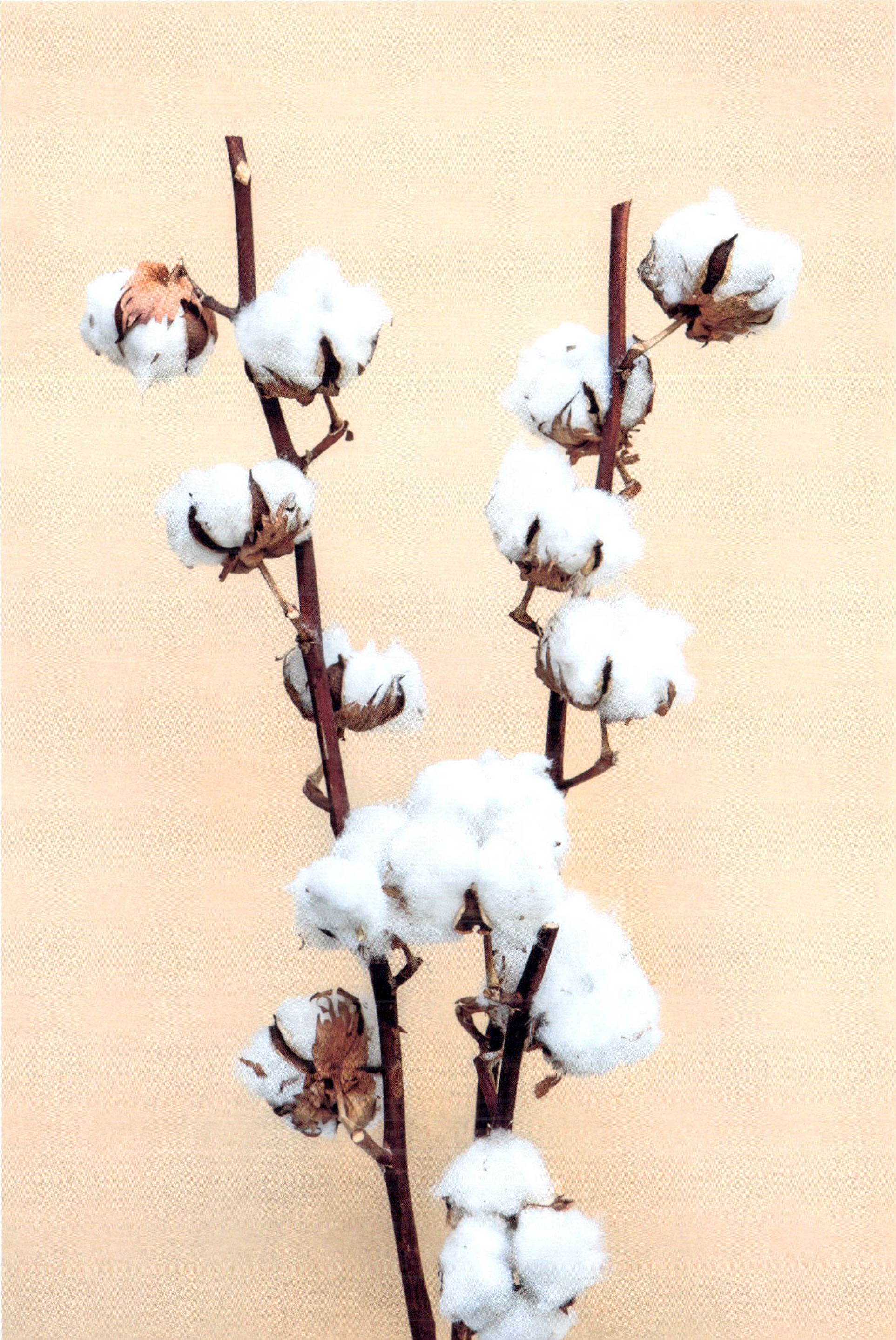

Pampasgras

Cortaderia selloana

Das Pampasgras sieht richtig majestätisch aus, mit seinen langen, goldblonden Federn, die über 2 Meter hoch werden können. Es ist sehr dekorativ und viele Jahre lang haltbar. Pampasgras kommt ursprünglich aus Südamerika und wächst in der freien Natur in der Nähe von Bächen, an Straßenrändern und in natürlichen Küstengebieten.

SAISON

Sammeln Sie Pampasgras von September bis Oktober. In diesem Zeitraum ist es auch bei Ihrem Blumenhändler erhältlich.

TIPP

Wählen Sie zuhause eine Vase, die schwer genug ist, um dem Gewicht des Pampasgras standzuhalten, und lassen Sie es direkt in der Vase trocknen.

(Für Pampasgras in einem Strauß, siehe „Exotischer Strauß", Seite 92.)

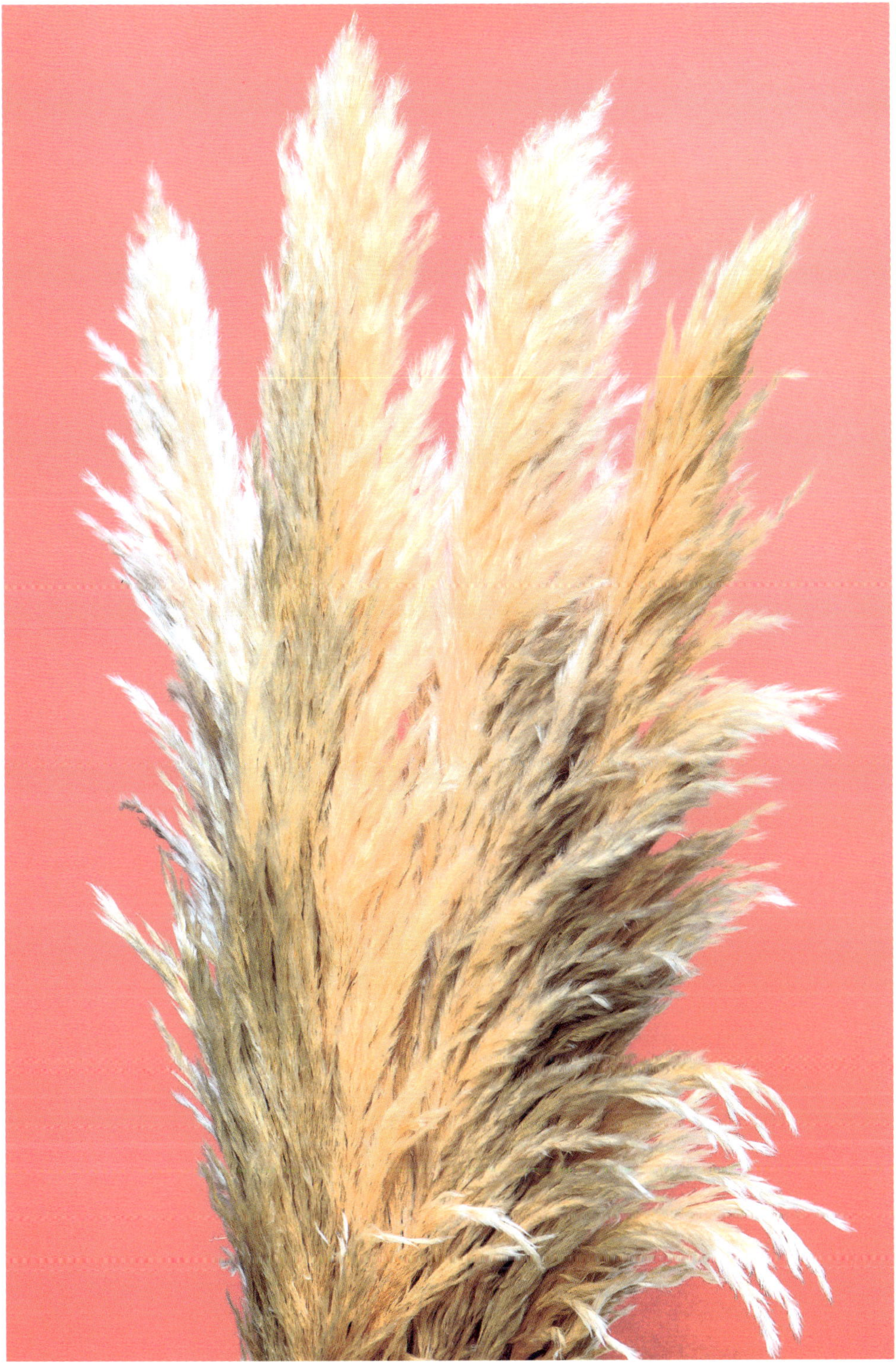

Hortensie

Hydrangea macrophylla

Die Hortensie ist eine beliebte Gartenblume. Ihre Farben verblassen im Laufe des Sommers und die Blüten trocknen oft direkt am Strauch. Zuhause können Sie Hortensien leicht in einer Vase mit etwas Wasser trocknen. Allerdings sind nicht alle Hortensiensorten – egal ob sie vom Floristen oder aus dem eigenen Garten kommen – zum Trocknen geeignet. Trocknen Sie die Blüten im Herbst, wenn sie einen rötlichen Farbton annehmen.

SAISON

Hortensien blühen von Juli bis Oktober. Schneiden Sie sie im Herbst ab, dann sind sie am besten zum Trocknen geeignet.

TIPP

Schneiden Sie die Hortensien im eigenen Garten ab, wenn sie in voller Blüte stehen, noch vor den ersten Nachtfrösten.

(Für einen Strauß aus frischen Hortensien zum Trocknen, siehe „Strauß zum Trocknen", Seite 96.)

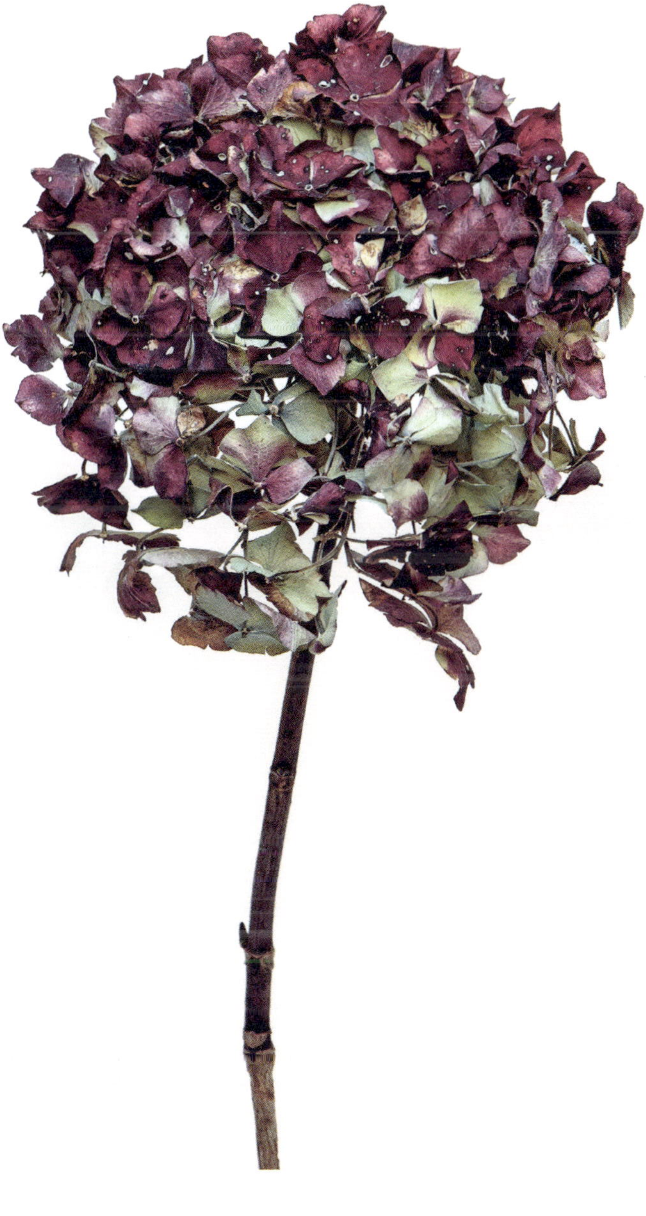

Garten-Strohblume

Xerochrysum bracteatum

Die Garten-Strohblume ist die Königin der Trockenblumen. Sie blüht nahezu ewig, daher kommt auch der englischsprachige Name der Pflanze: *Everlasting flower* (Immerwährende Blume). Ihre glänzenden, farbenfrohen Blütenblätter haben eine papierähnliche Struktur und besitzen die Fähigkeit, ihre Farbe – von makellosem Weiß über Goldgelb, Rosa und Orange bis Granatrot – sehr lange zu behalten.

SAISON

Die Garten-Strohblume blüht von Juni bis Oktober. Sie können sie in diesem Zeitraum auch frisch beim Blumenhändler kaufen.

TIPP

Wenn Sie Garten-Strohblumen in Ihrem eigenen Garten kultivieren, schneiden Sie diese ab, bevor sich die Blüten vollständig geöffnet haben.

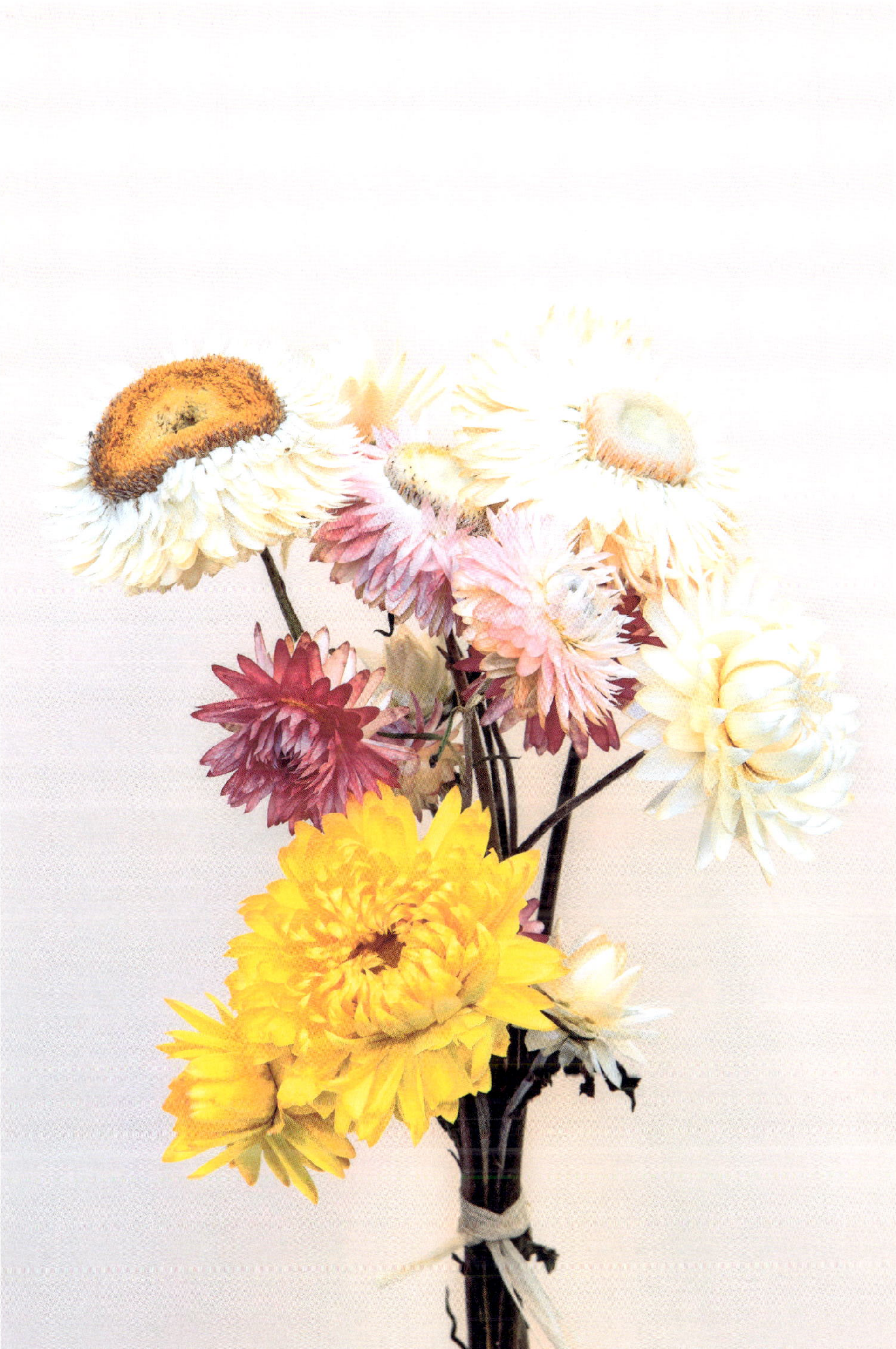

Sand-strohblume

Helichrysum arenarium L.

Der lateinische Name *Helichrysum* beschreibt diese Blume sehr treffend, denn *helios* bedeutet „Sonne" und *chrysum* bedeutet „Gold". Der provenzalische Dichter Jean Aicard hat ihr ein Gedicht gewidmet: ‚Car l'immortalité te vient de la lumière/ Qui se conserve en toi dans sa vertu première' (*L'Immortelle*, 1874). [„Denn deine Unsterblichkeit kommt vom Licht/das in dir in seiner ursprünglichen Kraft bewahrt wird."]. Der Anbau der goldgelben Sandstrohblume ist mittlerweile relativ selten geworden, hat aber in der Mittelmeerregion nach wie vor Tradition.

SAISON

Sandstrohblumen erhalten Sie ab Juli/August.

TIPP

Die Sandstrohblume ist eine geschützte Pflanze, wenn Sie sie also in freier Natur finden, nehmen Sie sie nicht mit, sondern bestellen Sie besser stattdessen bei Ihrem Floristen kultivierte Sorten.

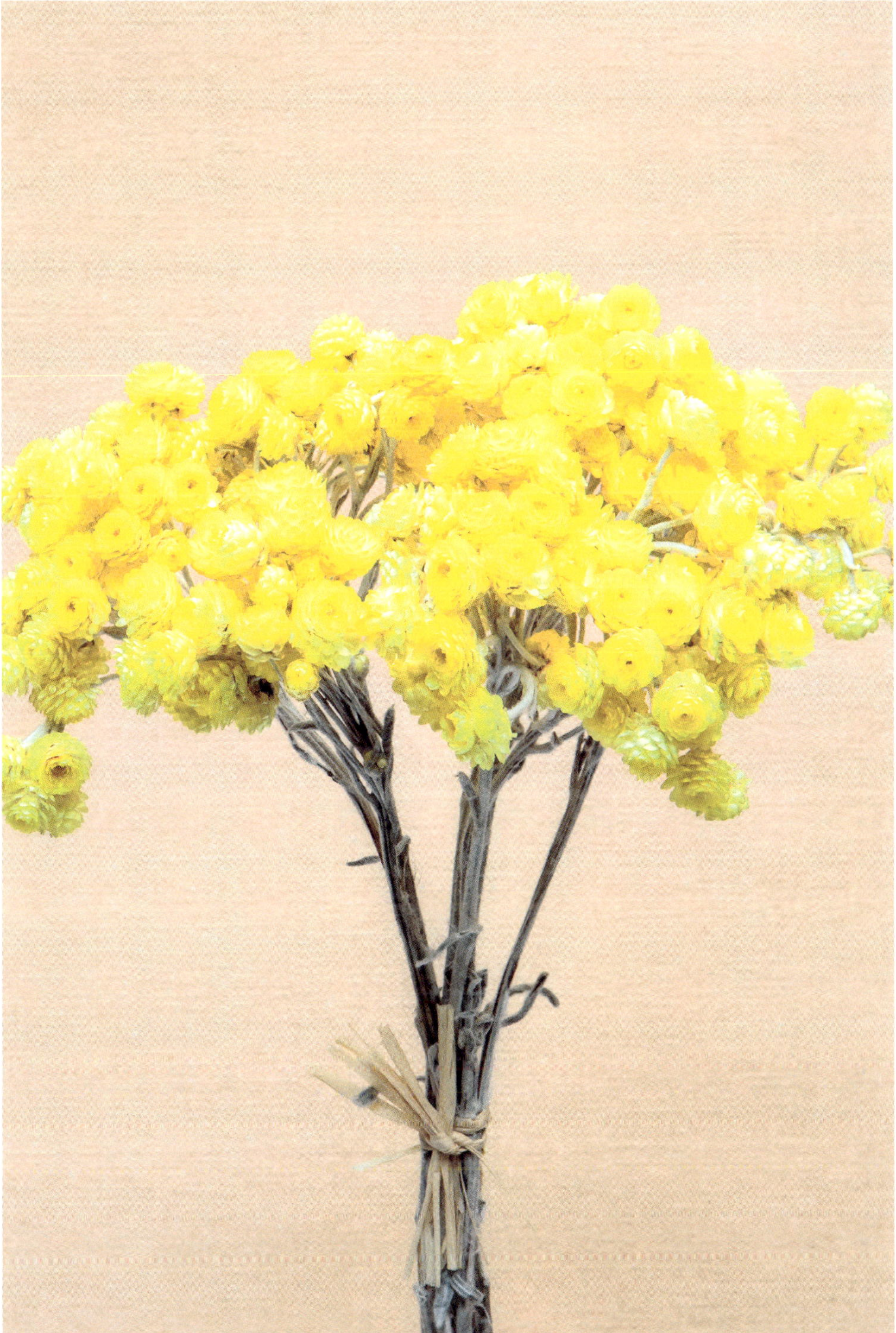

Samtgras

Lagurus ovatus

Aufgrund der samtig-weichen Beschaffenheit seiner silbrig-weißen Ähren trägt dieses bekannte, kurze Gras Beinamen wie „Hasen-" oder „Kaninchenschwanz". Das Samtgras liebt die Sonne und sandige Küstenabschnitte. Man findet es im Sommer an den Küsten des Mittelmeeres, aber auch auf Wiesen und Weiden sowie an Straßenrändern.

SAISON

Das Samtgras blüht im Sommer, sammeln Sie es von Juli bis Oktober.

TIPP

Das Samtgras trocknet am besten, wenn es bei trockenem, warmem Wetter gesammelt wird.

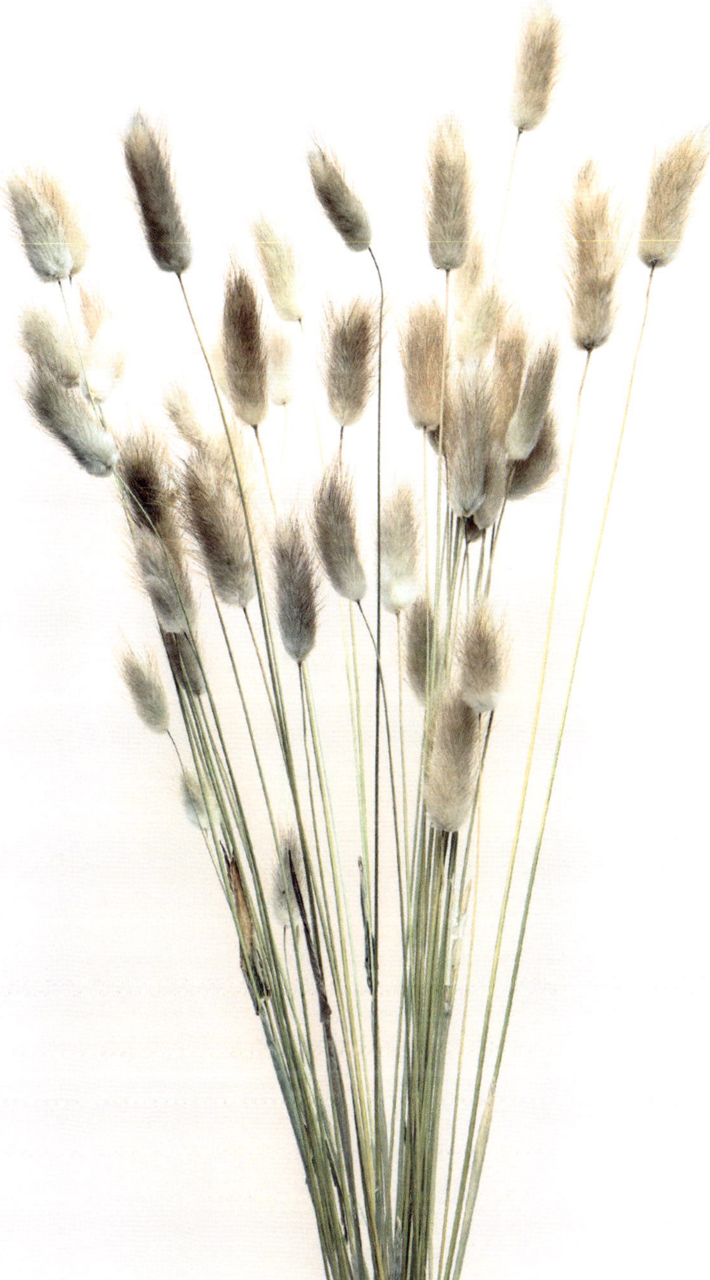

Lavendel

Lavandula vera

Wenn von Trockenblumen die Rede ist, führt kein Weg am Lavendel vorbei! Die duftende Pflanze behält beim Trocknen ihre blaue Farbe und vor allem ihr starkes Aroma. Lavendel gilt als Sinnbild der Provence. Dort wird er wegen seiner zahlreichen gesundheitlichen Eigenschaften angebaut, aber auch zum Verfeinern von Honig, zur Herstellung ätherischer Öle oder zu Zierzwecken verwendet.

SAISON

Lavendel blüht von Juni bis August.

TIPP

Um zuhause Ihre Schränke zu parfümieren, legen Sie kleine Leinen- oder Baumwollsäckchen mit getrockneten Lavendelblüten hinein. Der Duft der getrockneten Lavendelblüten entfaltet sich und hält bis zum nächsten Jahr an.

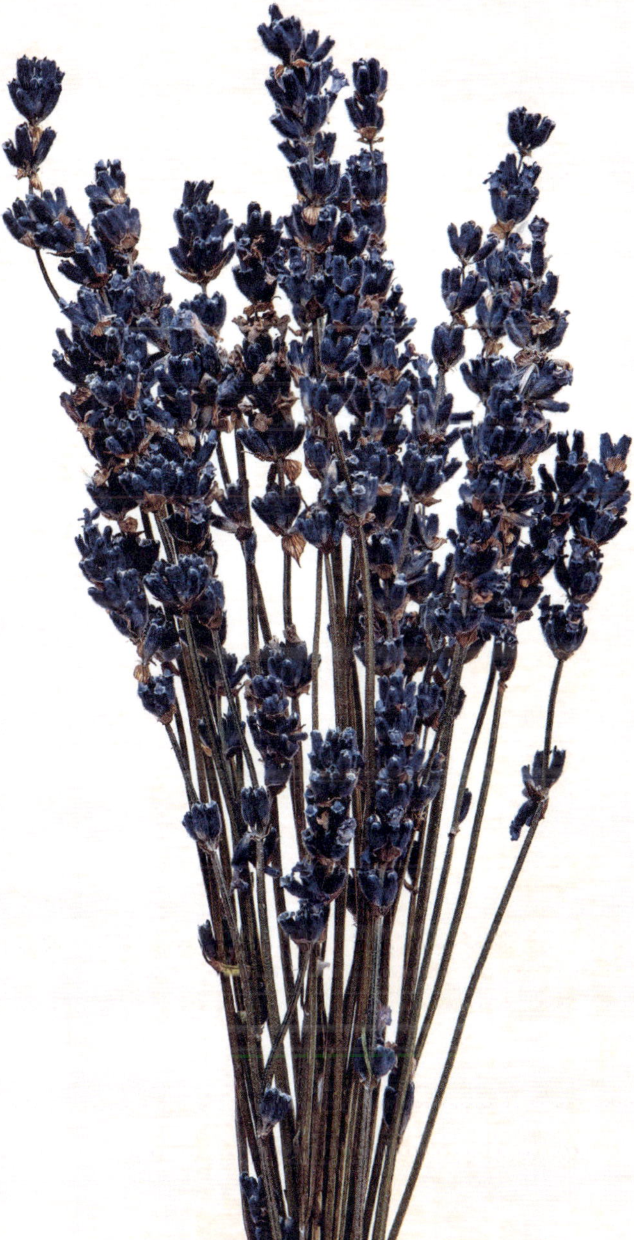

Strandflieder

Limonium latifolium

Strandflieder, auch bekannt als Meerlavendel oder Steppenschleier, gibt es in verschiedenen Farben – Rosa, Weiß, Blau, Gelb –, die auch nach dem Trocknen der Pflanze erhalten bleiben. Die Zweige des Strandflieders sind selbst im getrockneten Zustand schön voluminös, weshalb er sehr gerne für Trockenblumensträuße verwendet wird.

SAISON

Strandflieder ist das ganze Jahr über beim Blumenhändler erhältlich.

TIPP

Strandflieder kann kopfüber an der Luft oder direkt in einer Vase mit wenig Wasser getrocknet werden.

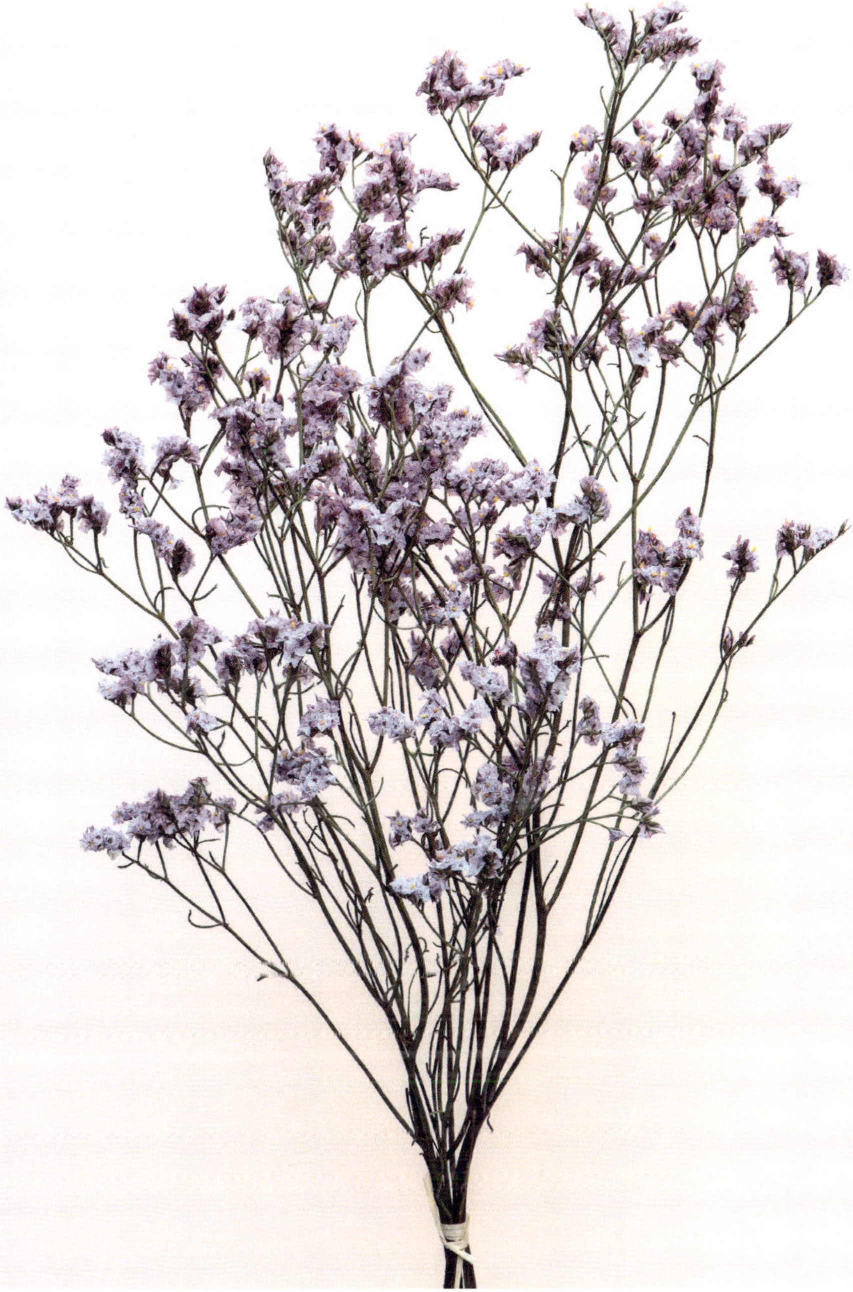

Flachs

Linum usitatissimum

Flachs kann sehr vielseitig genutzt werden. Er wird wegen seiner Samen angebaut, die als Nahrungsmittel und für die Herstellung von Textilien (Leinen) verwendet werden. Seine dekorativen Eigenschaften sind weniger bekannt, obwohl die kleinen runden Samenkapseln sehr hübsch aussehen. Flachs muss geerntet werden, wenn er voll ausgereift ist, wenn die Halme an Ort und Stelle, wo sie gewachsen sind, ausgetrocknet sind und gelb werden.

SAISON

Sammeln Sie Flachs im August.

TIPP

Wenn Sie Flachs beim Floristen kaufen, kann er Ihnen vielleicht im Spätsommer bereits getrocknete Halme besorgen.

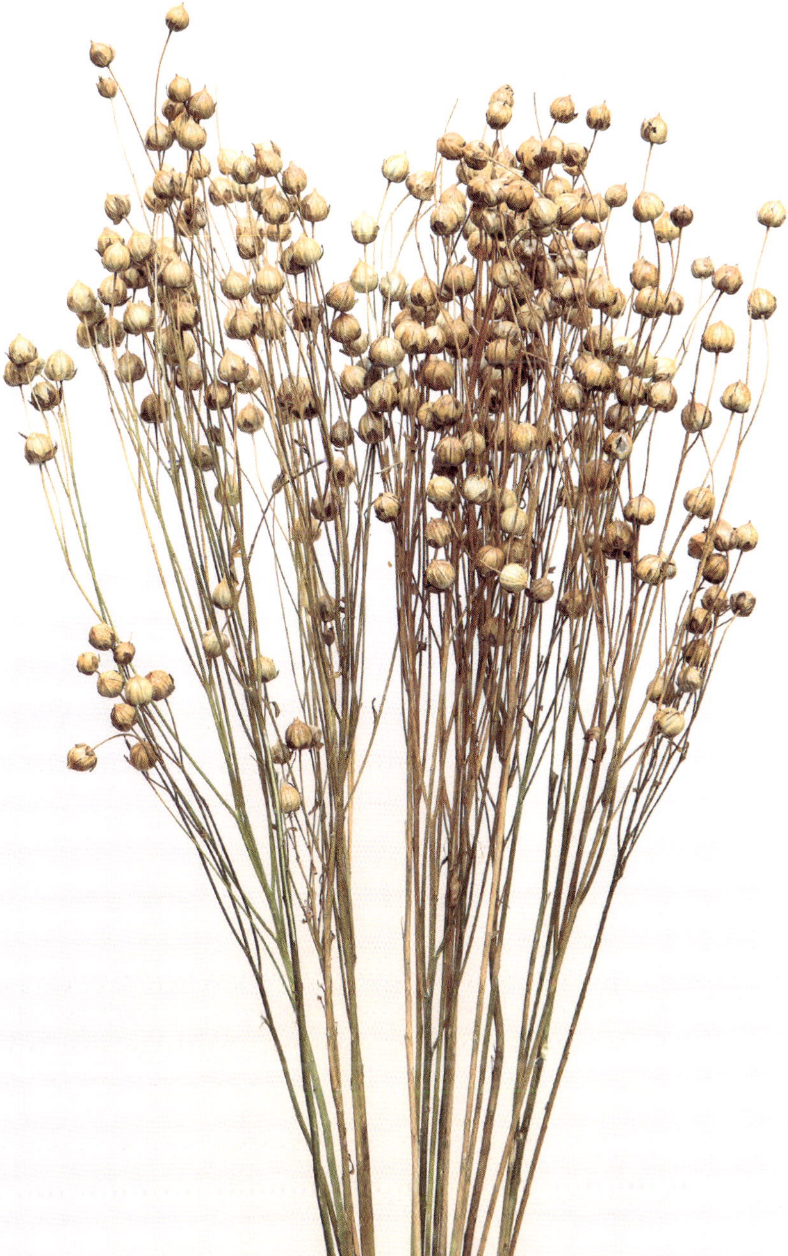

Chinaschilf

Miscanthus sinensis

Chinaschilf ist ein hohes Gras, das eine Höhe von bis zu 4 Metern erreichen kann. Es bildet hübsche „Flaumfedern", die im Herbst eine schöne goldgelbe Farbe annehmen. In Trockenblumensträußen ist es sehr beliebt, denn es verleiht ihnen Schwung und Leichtigkeit.

SAISON

Chinaschilf blüht von August bis Dezember.

TIPP

Sie können Chinaschilf im Herbst in der freien Natur, auf Wiesen und Brachland sammeln.

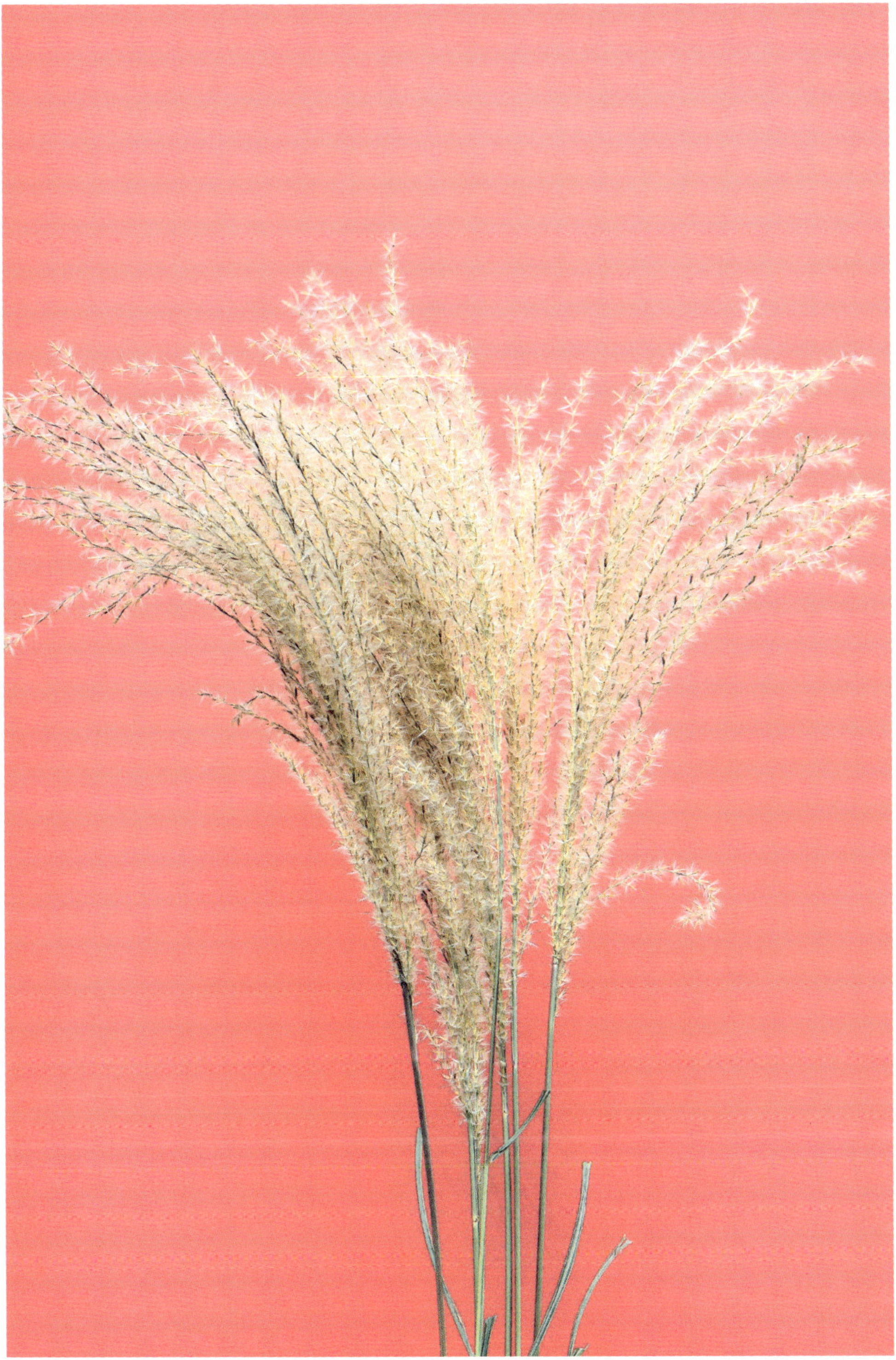

Silberblatt

Lunaria annua

Der lateinische Name des Silberblatts *Lunaria* erinnert an die runde Form der Samenschoten. Um die perlmuttartigen Scheidewände der Samenschoten freizulegen, müssen Sie die einzelnen Samenschoten des Silberblatts „schälen". Zupfen Sie dafür vorsichtig die beiden dünnen äußeren Schichten ab und entfernen Sie die Samen, sodass nur die silbrig glänzenden Scheidewände der Samenschoten übrigbleiben!

SAISON

Die Samenschoten kommen etwa im Juni zum Vorschein. Zuerst sind sie hellgrün, wenn sie im Laufe des Sommers trocknen, werden sie durchscheinend.

TIPP

Das Silberblatt sollte abgeschnitten werden, wenn die Stängel trocken sind und die Samenschoten beginnen, sich braun zu färben. Beim Floristen ist das Silberblatt bereits „geschält" erhältlich.

(Für Silberblatt in einem Kranz, siehe „Gräserkranz", Seite 104).

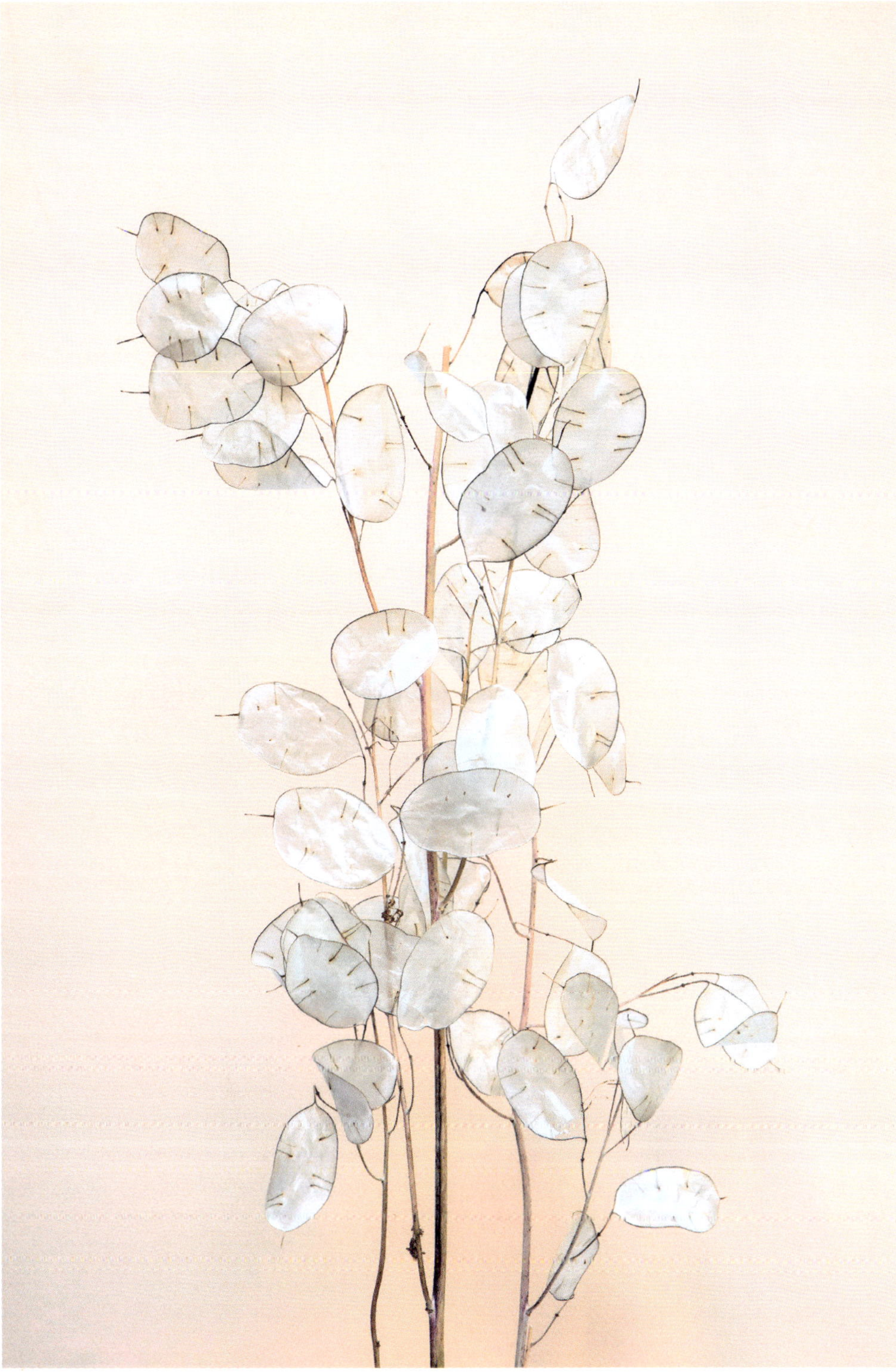

Mohn

Papaver rhoeas

Die Samenkapseln des Mohns sind anfangs zartgrün, beim Trocknen nehmen sie graugrüne, bläuliche bis zartlila Schattierungen an. Die Kapseln enthalten die Mohnsamen, die zur Herstellung von Mohnkuchen und von den Bäckern gern zum Bestreuen von Brot verwendet werden. Mohn ist in der freien Natur nur selten zu finden, aber er wird sowohl wegen seiner Blüten als auch wegen seiner Früchte zu dekorativen Zwecken angebaut.

SAISON

Mohnkapseln sind beim Floristen das ganze Jahr über erhältlich.

TIPP

Schneiden Sie die Samenkapseln in Ihrem Garten im Sommer ab, wenn sie getrocknet sind, aber noch bevor sie sich öffnen, und stellen Sie sie direkt in einer Vase an einen gut belüfteten Ort, wo sie fertig trocknen können.

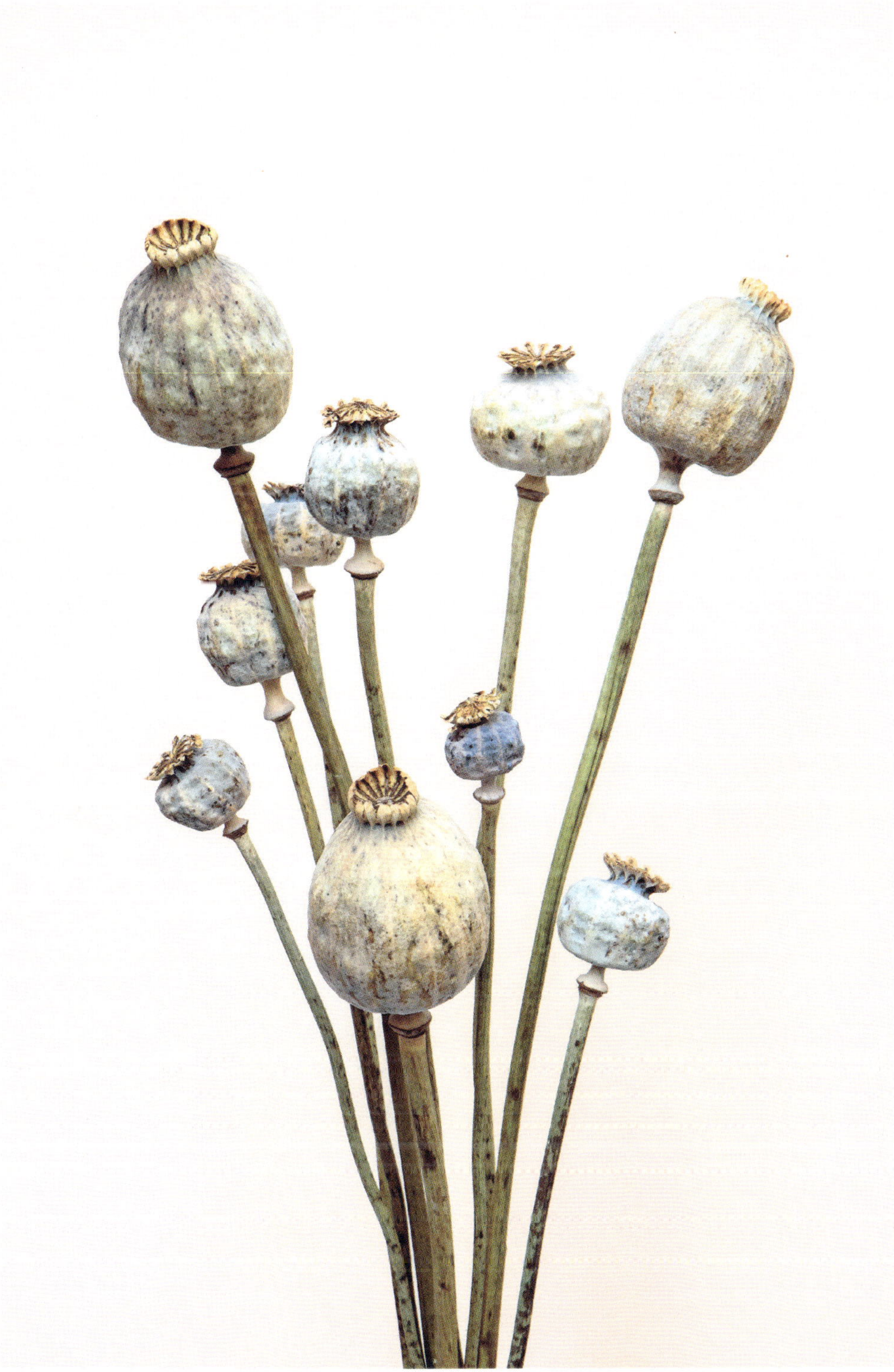

Stern-Skabiose

Scabiosa stellata

Der Samenkopf der Stern-Skabiose bildet einen kleinen grauen, wabenartigen Ball, der sich leicht trocknen lässt. Seine außergewöhnliche Form und Oberflächenstruktur verleiht getrockneten und frischen Blumensträußen eine besondere Note.

SAISON

Die Stern-Skabiose wird von Juli bis September gesammelt.

TIPP

Schneiden Sie die Stern-Skabiose im Garten oder in der freien Natur ab, wenn die Samenköpfe gut ausgebildet sind und anfangen, trocken zu werden.

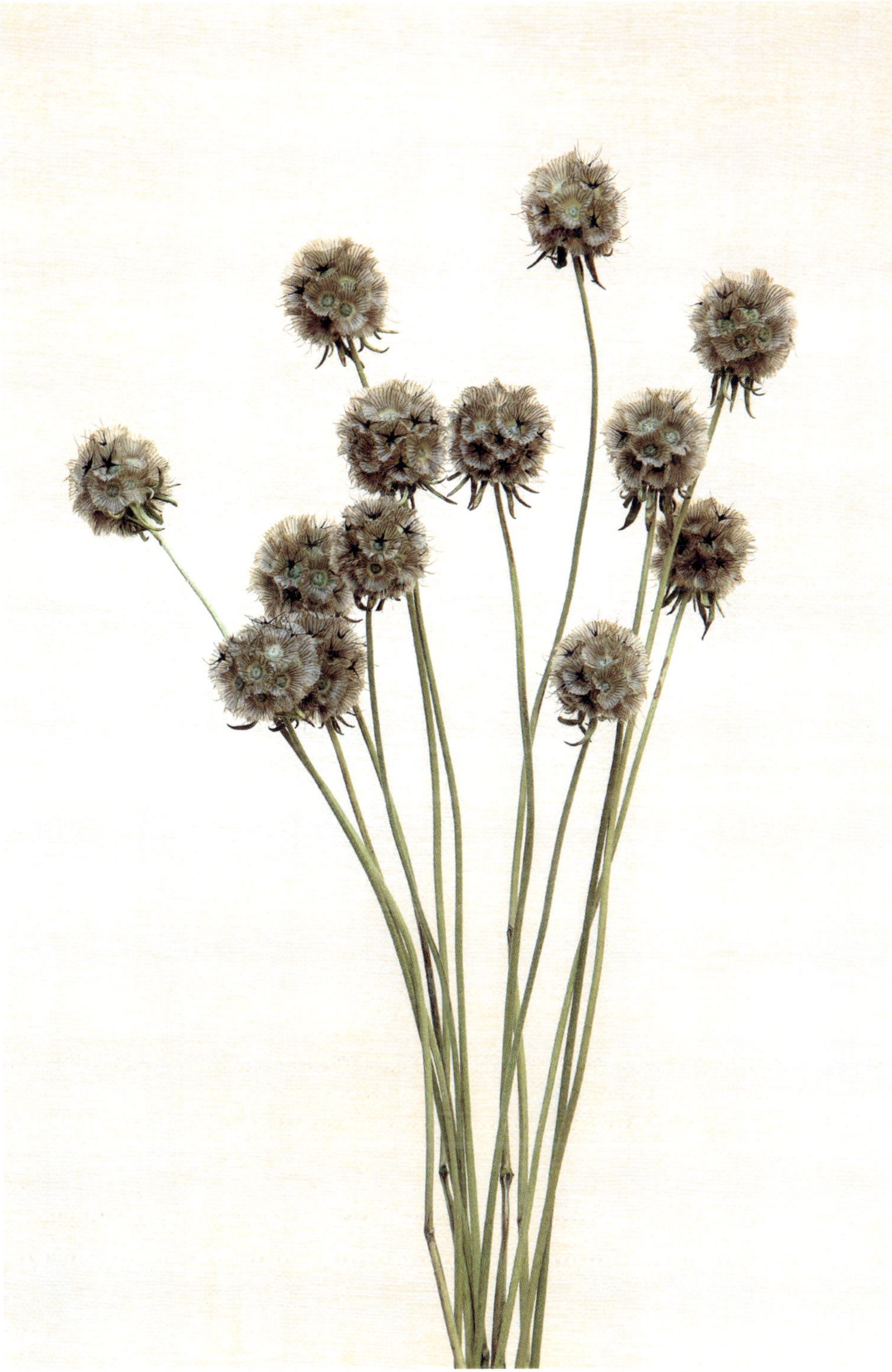

Borstenhirse

Setaria var.

*E*s gibt Hunderte von Borstenhirse-Sorten, die oft als Futtergetreide für Tiere oder für den menschlichen Verzehr angebaut werden. Ihre flauschigen, buschigen Ähren bringen Bewegung in Trockenblumensträuße.

SAISON

Die Borstenhirse ist ein weit verbreitetes Gras, das Sie im Sommer an Straßenrändern und auf Feldern finden können.

TIPP

Getrocknete grüne Borstenhirse, auch bekannt als grünes Borstengras oder wilde Fuchsschwanzhirse, ist die häufigste Sorte, Sie können sie bereits getrocknet beim Blumenhändler kaufen.

(Für Borstenhirse in einem Strauß, siehe „Sommerstrauß", Seite 84.)

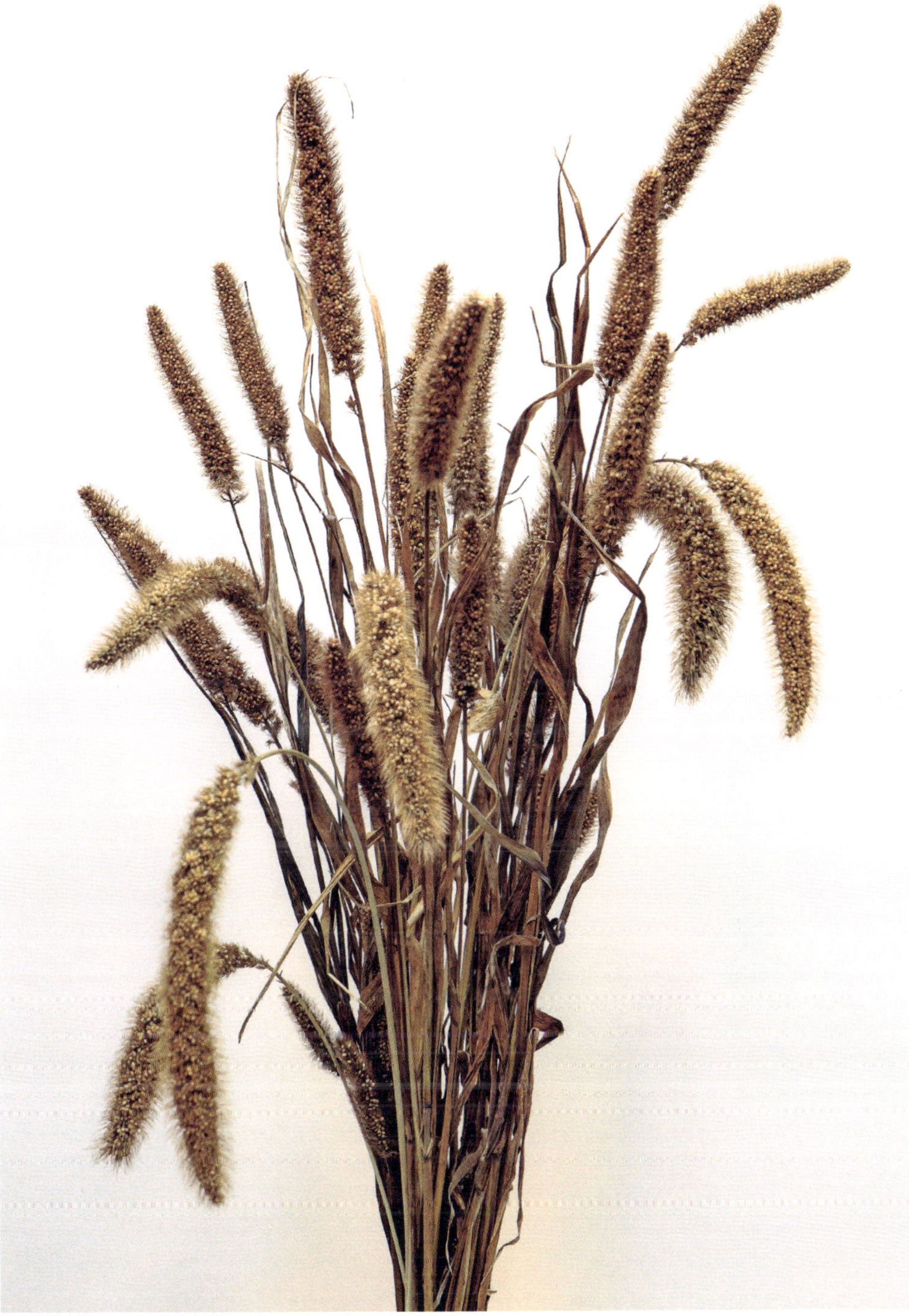

Plattährengras

Uniola latifolia

Dieses sehr ungewöhnliche Gras besteht aus einer Vielzahl kleiner, flacher, kastanienbrauner Ährchen. Seine filigrane Erscheinung macht es zu einem wirkungsvollen Bestandteil herbstlicher Arrangements.

SAISON

Sammeln Sie das Plattährengras von September bis Oktober.

TIPP

Trocknen Sie das Plattährengras möglichst bald nach dem Abschneiden kopfüber, damit sich die Halme nicht zu stark umbiegen und ihre gerade Form behalten.

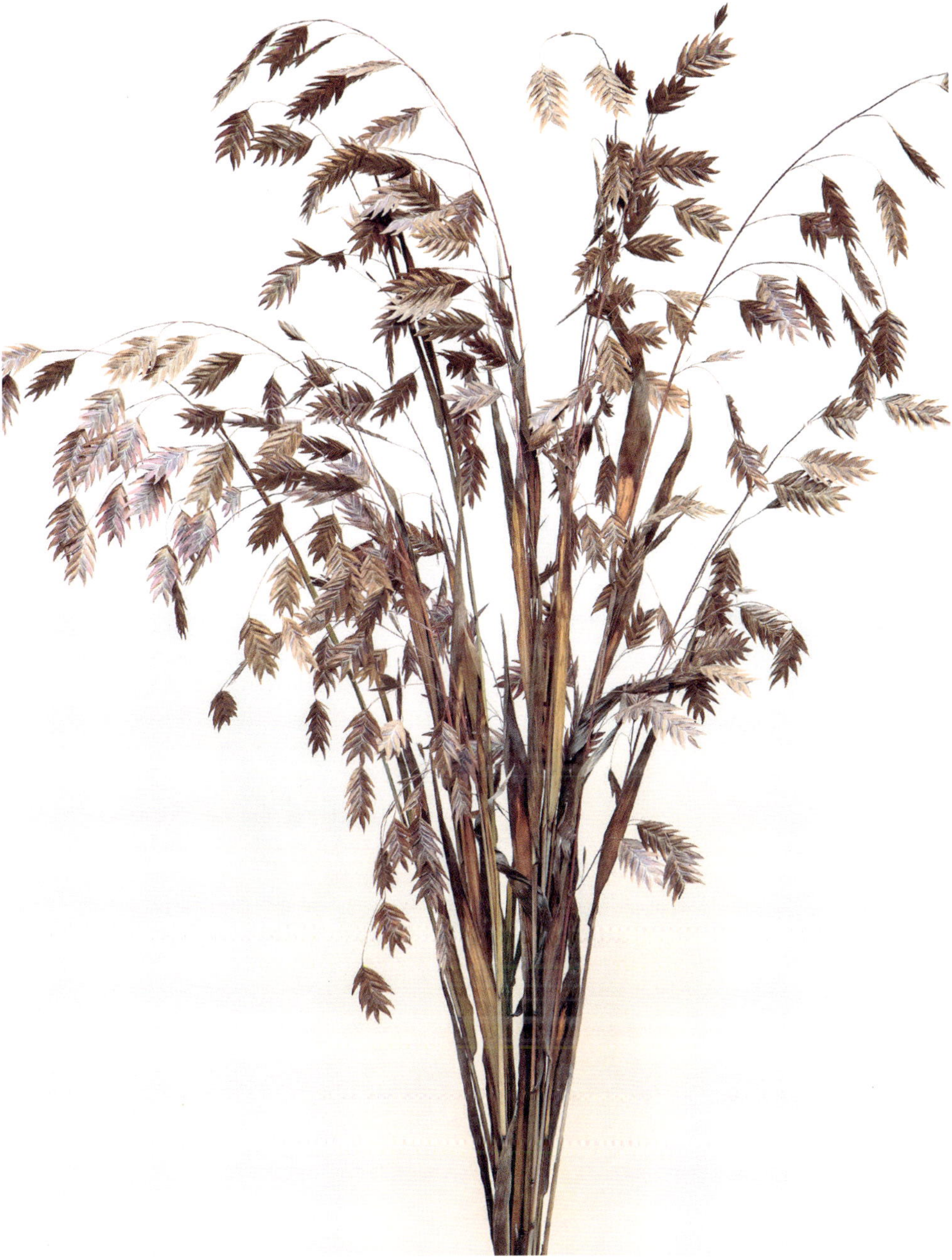

Gebleichte Blumen

Natürliches Bleichen
Ursprünglich wurden Blumen zum Bleichen in die Sonne gelegt; so verloren die Grün-, Braun- und Gelbtöne nach und nach vollständig ihre Farbe. Wenn Sie das Glück haben, Ihre eigenen Blumen zur Verfügung zu haben, können Sie diese ganz einfach nach der natürlichen Methode in der Sonne trocknen und bleichen.

Chemisches Bleichen
Da rein weiße, getrocknete Blumen auf natürliche Weise nicht vorkommen, haben Produzenten und Verkäufer eine Technik entwickelt, die es ermöglicht, bestimmte Getreidesorten und andere relativ robuste Pflanzen, wie Disteln, Hafer, Flachs, Samtgras oder Pampasgras, zu bleichen.

Durch chemisches Bleichen steht eine größere Auswahl an Pflanzen zur Verfügung, die einem Trockenblumenstrauß Helligkeitseffekte verleihen. Bei dieser Methode wird die Pflanze mit einem Produkt auf Chlorbasis depigmentiert, damit sie komplett weiß wird. Eine Technik, die mit jener vergleichbar ist, die in der Textilindustrie angewendet wird.

Chemisch gebleichte Trockenblumen können Sie nur beim Floristen kaufen, da diese Methode zuhause nicht angewendet werden kann. Verzichten Sie auf die Verwendung dieser Blumen, wenn Sie Haustiere oder kleine Kinder haben.

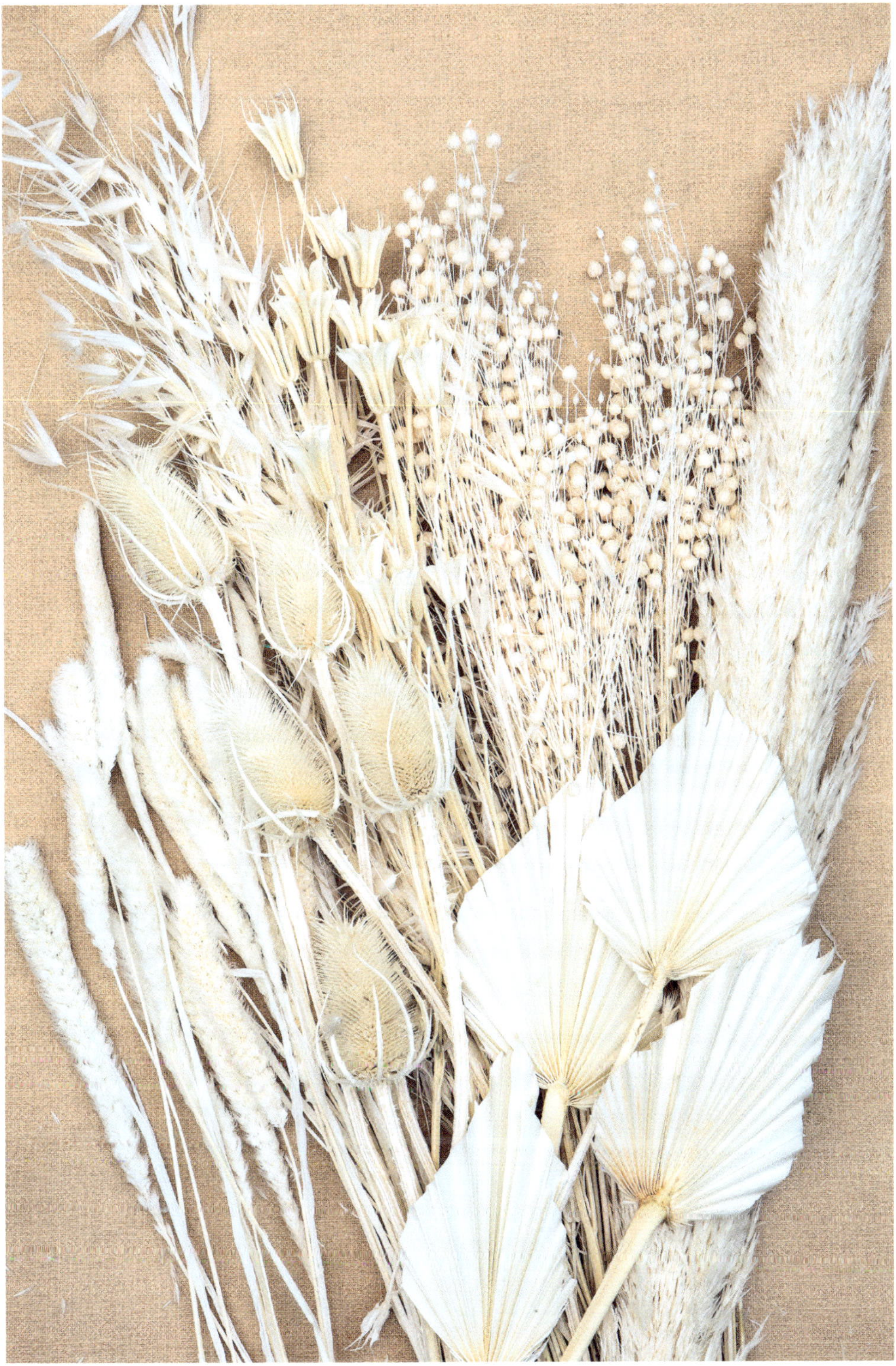

Gefärbte Blumen

Künstliche gefärbte Blumen
Die Farben der meisten Blumen verlieren während des Trocknens ihre Intensität und ihre Leuchtkraft, daher ist die Farbauswahl bei getrockneten Blumen viel begrenzter als bei frischen Blumen.

Wenn Sie in Ihren Trockenblumen-Arrangements kräftige Farbschattierungen wünschen, können Sie beim Floristen eingefärbte Versionen verschiedener Pflanzen kaufen, die mehr oder weniger natürlich aussehen.

Zögern Sie nicht, sich beim Floristen nach der Herkunft der Pflanzen und der verwendeten Färbemittel zu erkundigen.

Eingefärbte Blumen können sehr hübsch aussehen, aber die verwendeten Produkte können mitunter giftig sein; meiden Sie diese Blumen daher, wenn Sie Tiere oder kleine Kinder zuhause haben.

Blumen selbst färben
Sie können Ihre getrockneten Blumen auch mit Farbspray selbst einfärben. Am besten dafür geeignet sind Gräser und Getreidepflanzen, wie zum Beispiel Hafer, Weizen und Samtgras.

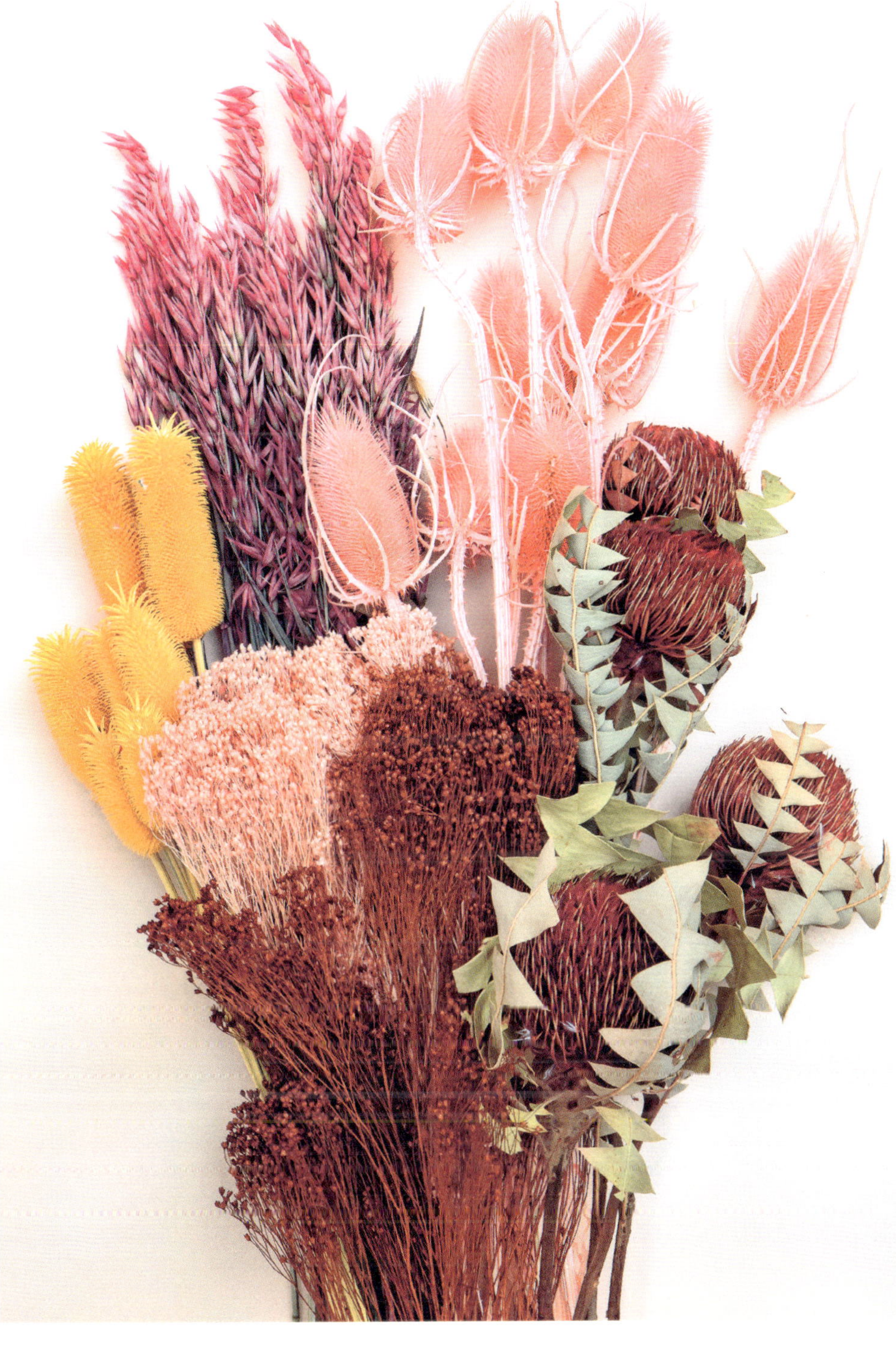

KAPITEL III

Trocken-blumen-kreationen

Getrocknete Blumen sind eine wirkungsvolle Dekoration mit zeitlosem Charme. Als Blumenstrauß, unter Glas, als Wanddekoration, romantisch oder im Boho-Stil – auf den folgenden Seiten finden Sie 15 Trockenblumen-Projekte, die (nahezu) ewig haltbar sind.

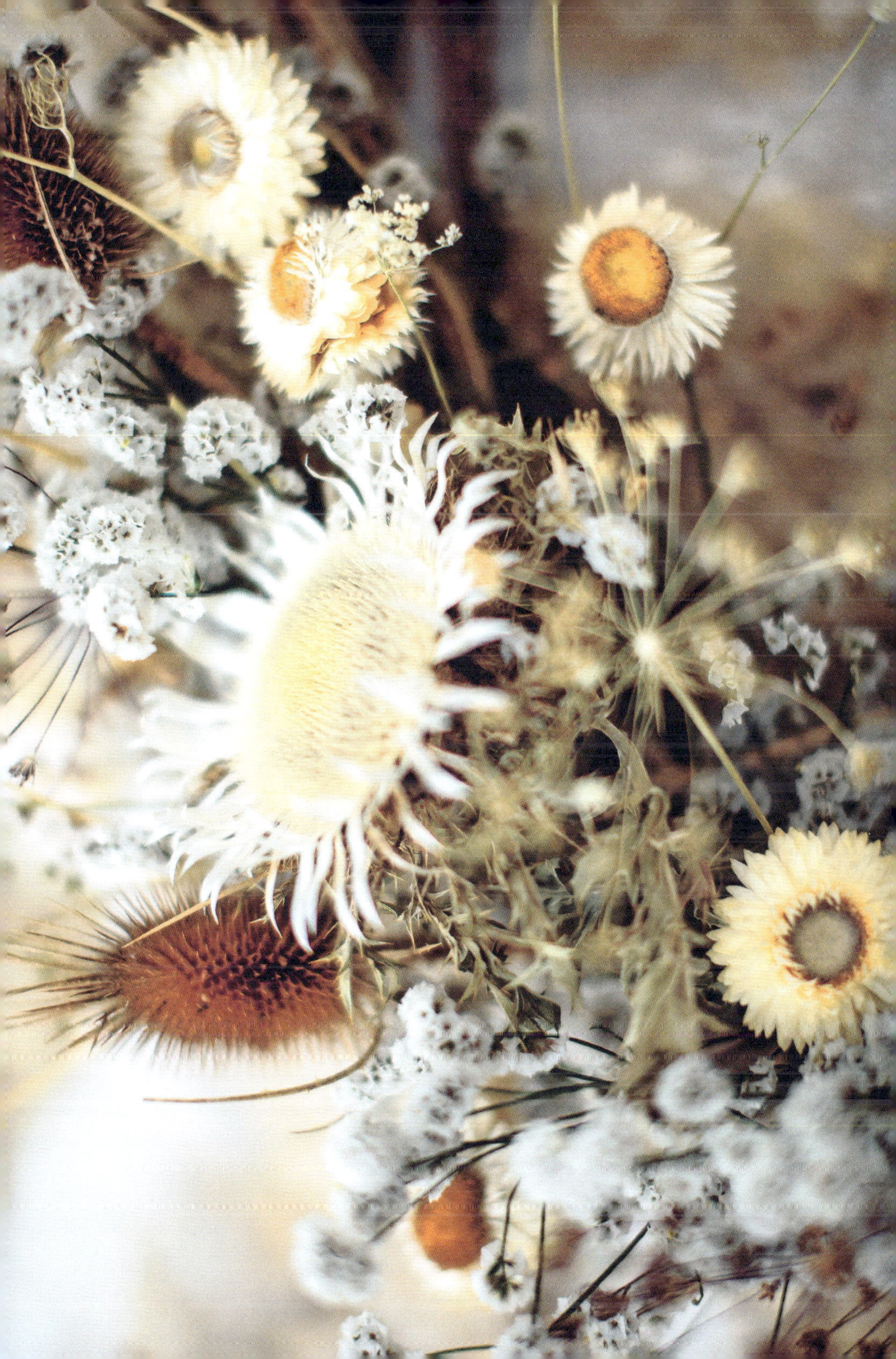

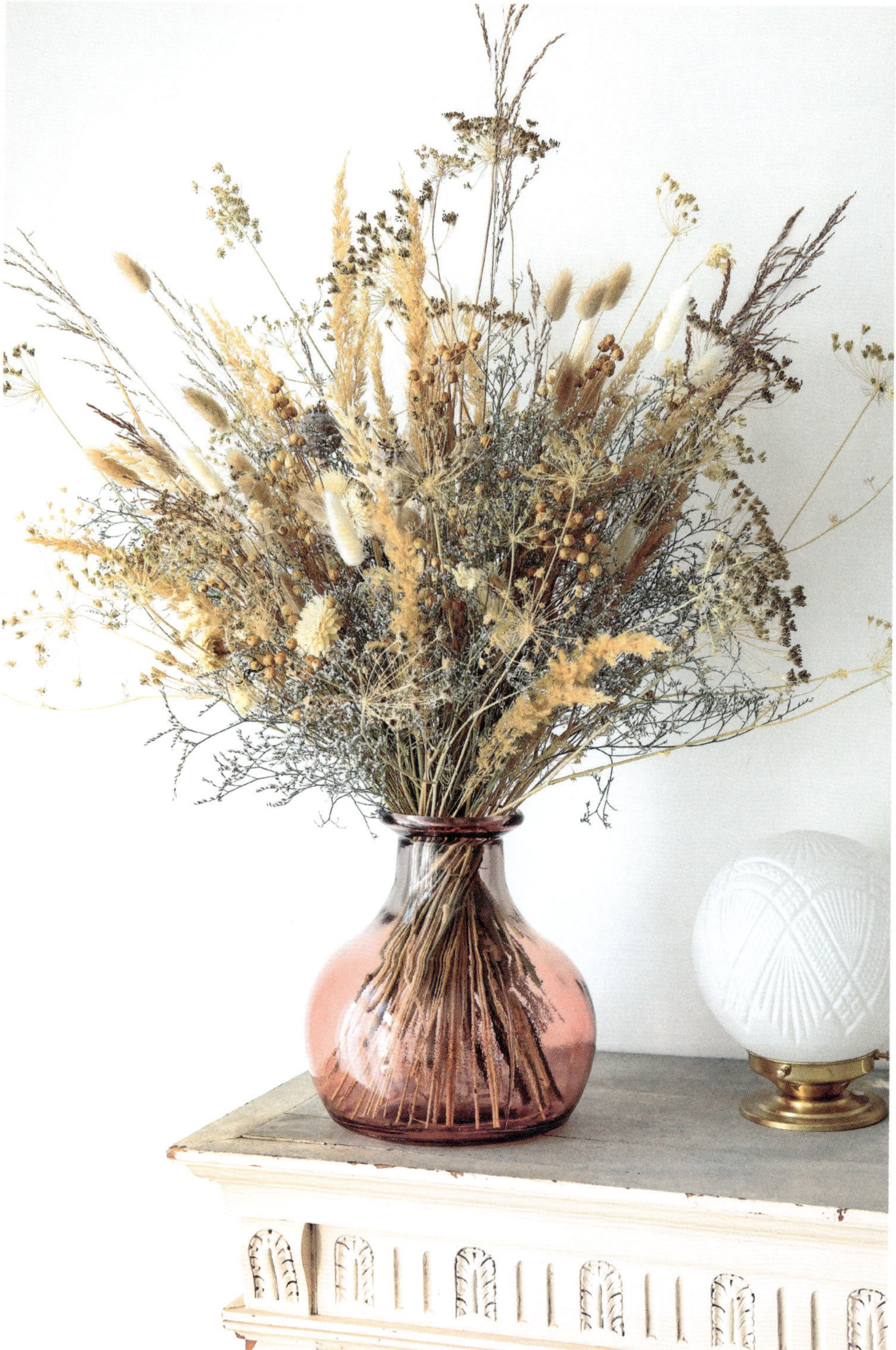

Feldblumenstrauß

Ein großes Arrangement aus Feldblumen, das direkt in einer XXL-Vase zusammengestellt werden kann.

ZEITAUFWAND

30 Minuten

SCHWIERIGKEITSGRAD

1 von 3

BLUMEN

20 Halme Bischofskraut
20 Halme Reitgras oder Schwingelgras
10 Zweige Strandflieder
10 weiße Strohblumen
10 Halme Samtgras
10 Halme Flachs

ZUSÄTZLICH BENÖTIGEN SIE

- 1 große Vase, Höhe ca. 25 cm
- Gartenschere

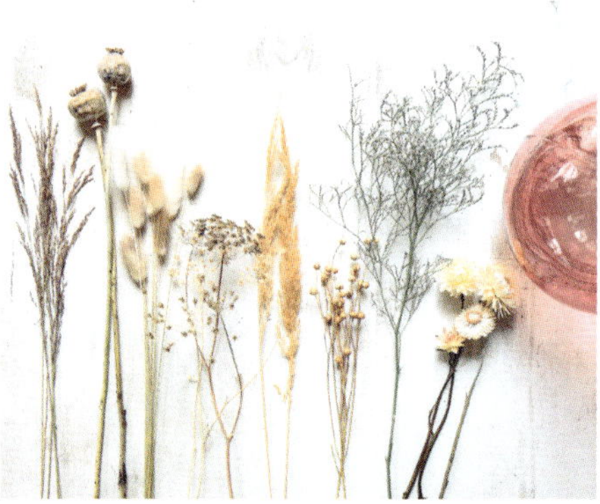

1. Bereiten Sie die Blumen vor und entfernen Sie die Blätter von den Strohblumen.

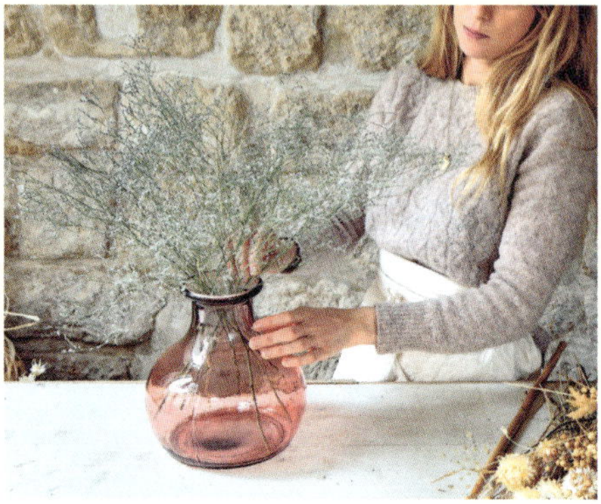

2. Platzieren Sie den Strandflieder so in der Vase, dass er eine schöne runde Form bildet.

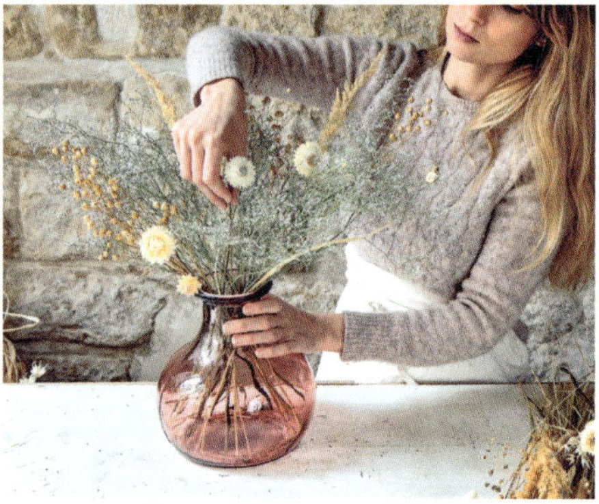

3. Den Strauß in einer Spirale anlegen, indem Sie Flachs und Strohblumen so einsetzen, dass diese immer in die gleiche Richtung zeigen.

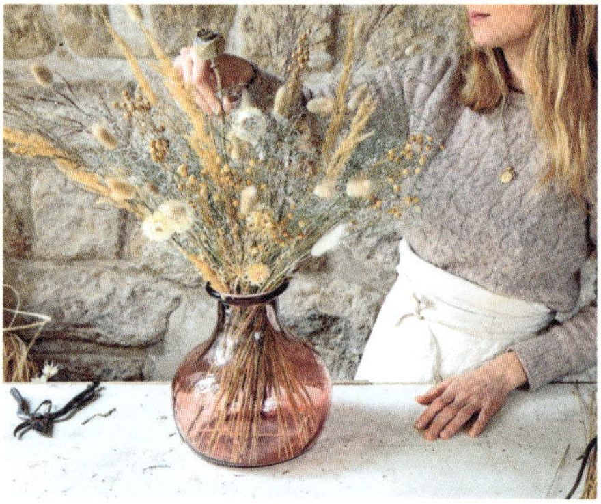

4. Stecken Sie anschließend Reit- und Samtgras in den Strauß und spielen Sie dabei mit den unterschiedlichen Höhen.

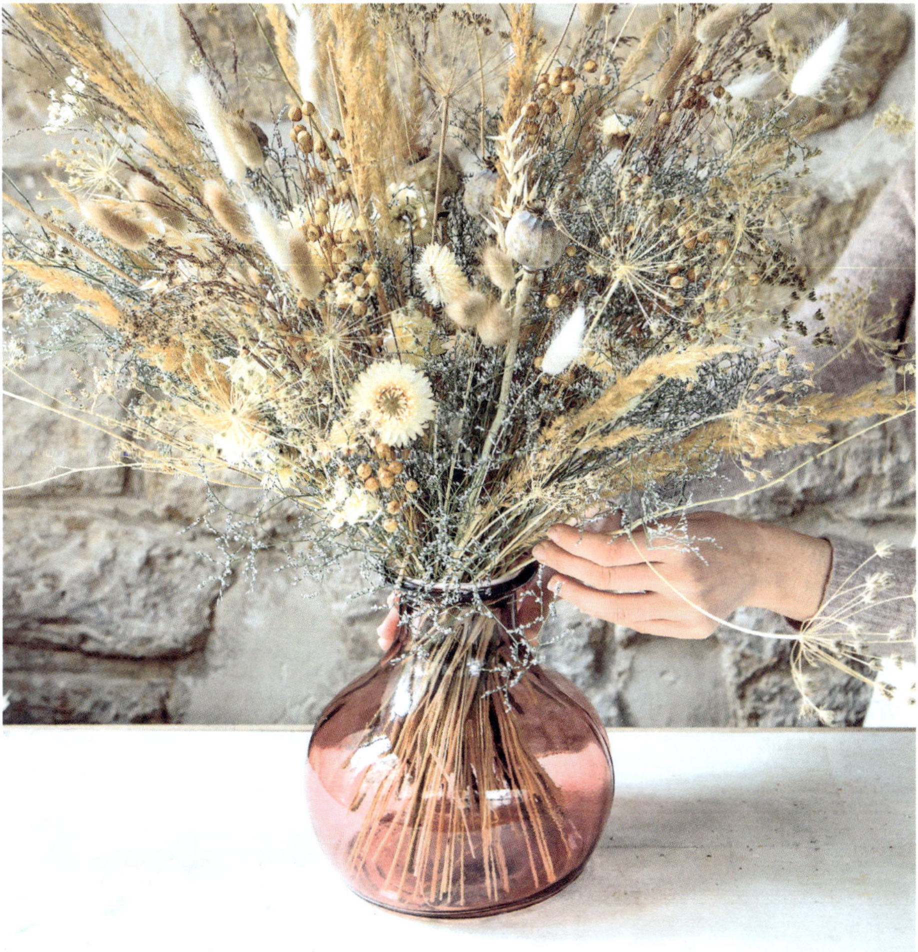

5. Fügen Sie zuletzt das Bischofskraut oben und an den Seiten in den Strauß ein, um ihm Leichtigkeit zu verleihen.

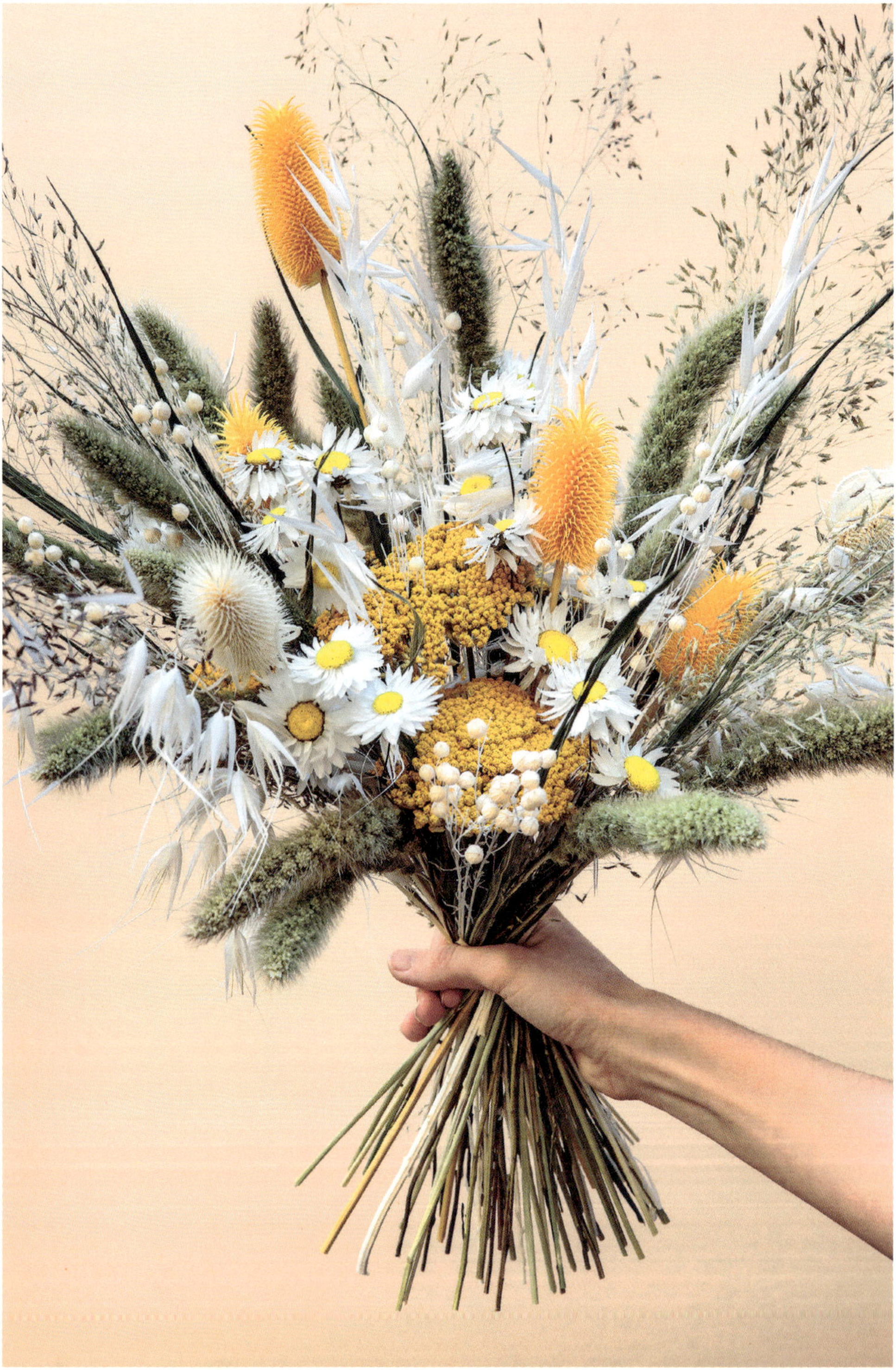

Sommerstrauß

Ein fröhlicher, farbenfroher Strauß, um den Sommer zu feiern.

ZEITAUFWAND

30 Minuten

SCHWIERIGKEITSGRAD

❀❀❀

BLUMEN

5 Zweige Gold-Schafgarbe
20 weiße Sonnenstrohblumen
15 Halme grüne Borstenhirse
10 Halme weißer Hafer
10 Halme Rispenhirse
10 Halme gebleichter Flachs
4 gelb gefärbte Disteln
3 gebleichte Disteln

ZUSÄTZLICH BENÖTIGEN SIE

- Gartenschere
- Naturbast

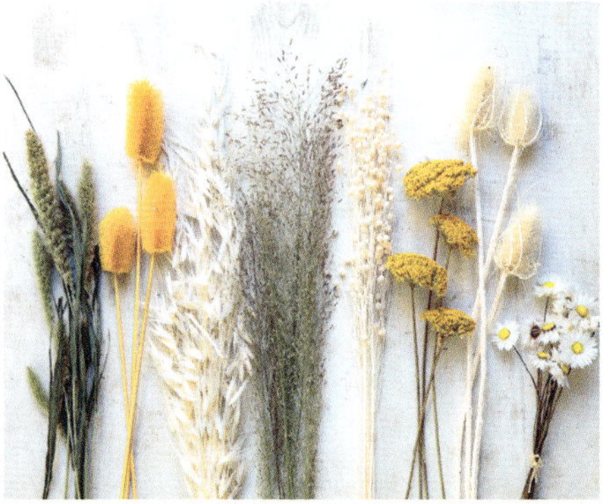

1. Bereiten Sie Ihre Blumen, nach Arten sortiert, auf der Arbeitsfläche vor.

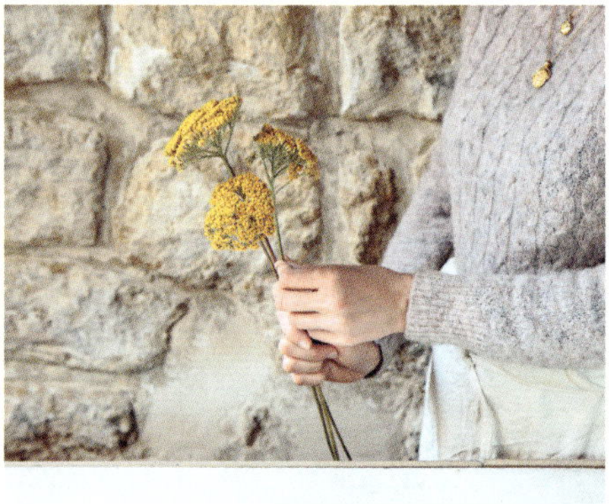

2. Nehmen Sie drei Stängel Gold-Schafgarbe und formen Sie diese in einer Hand zu einem Strauß.

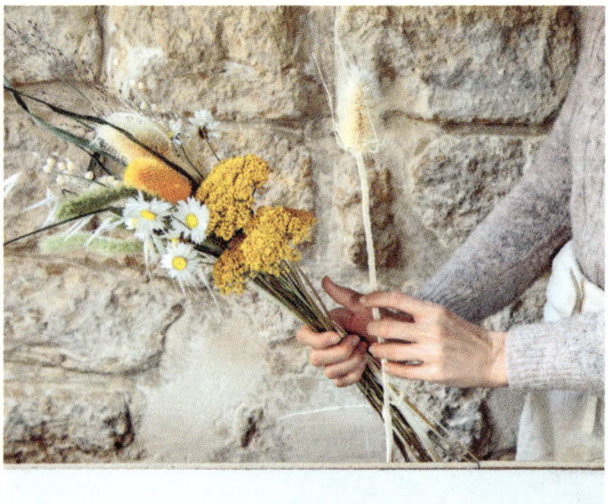

3. Fügen Sie abwechselnd die unterschiedlichen Blumensorten in Ihren Strauß ein und drehen Sie ihn dabei nach und nach immer ein Stück weiter.

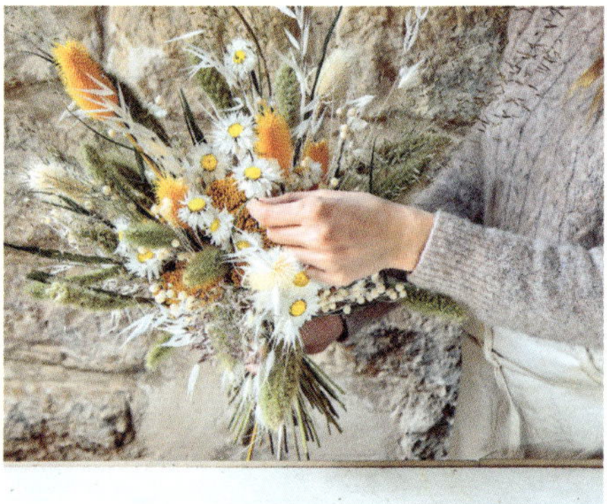

4. Die Stiele sind dünn, achten Sie darauf, dass die Blumen beim Formen des Straußes nicht hinunterrutschen, und, falls nötig, ziehen Sie sie vorsichtig wieder nach oben. Binden Sie den Strauß mit Bast zusammen und schneiden Sie die Stiele mit einer Gartenschere auf eine einheitliche Länge ab.

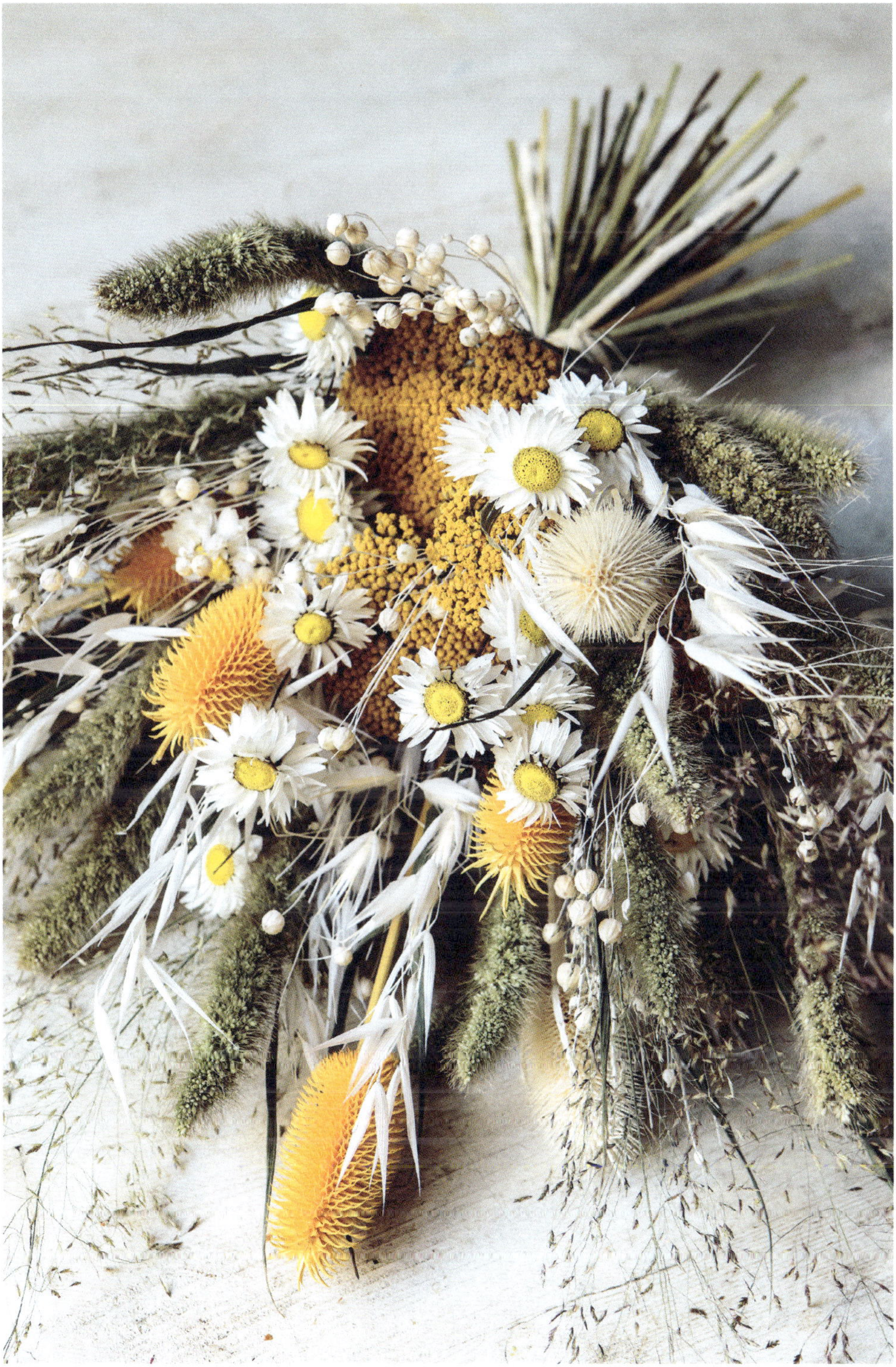

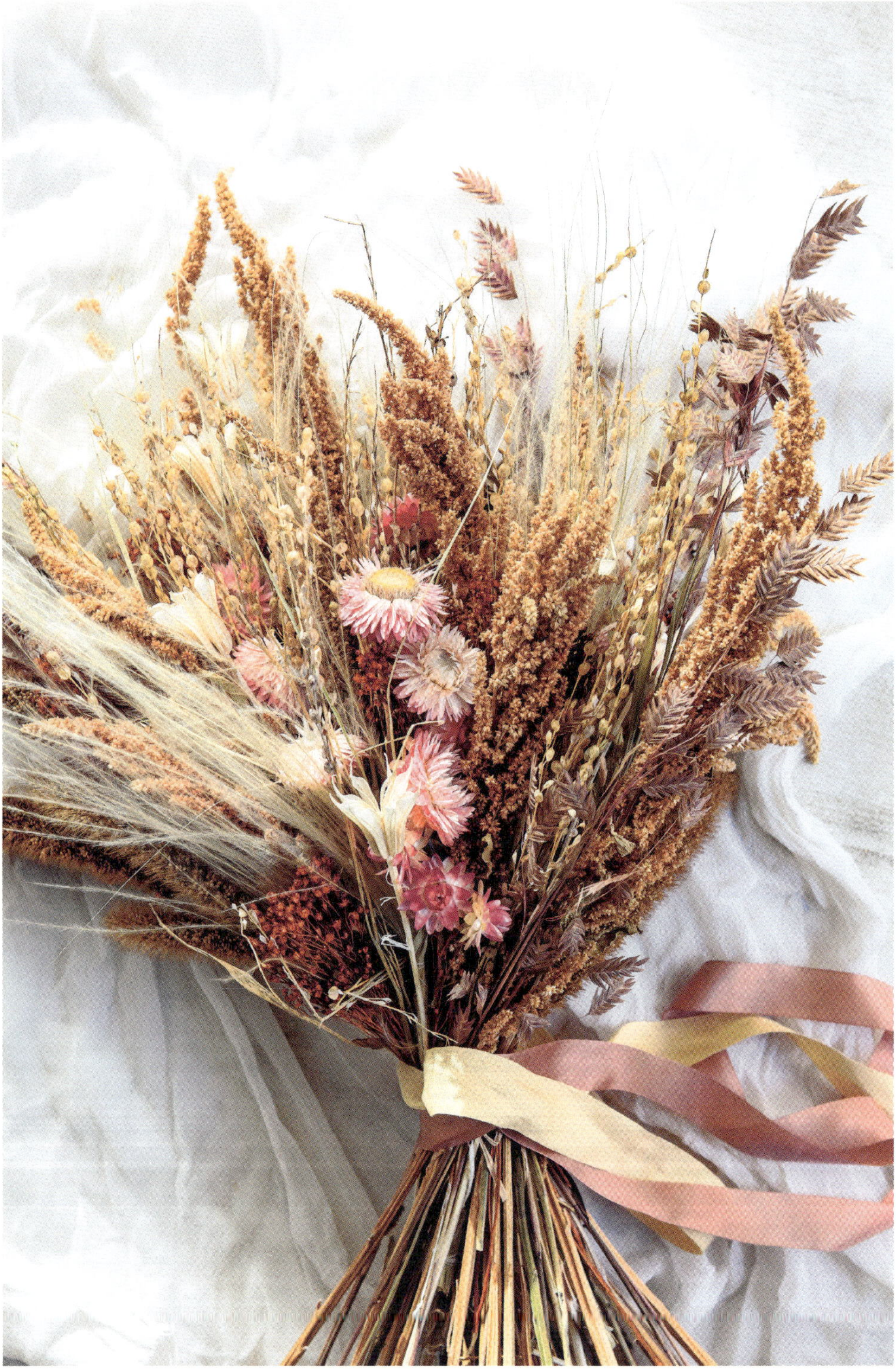

Terracottastrauß

Blumen in Herbstfarben, kombiniert mit echtem Federgras und rosa Strohblumen, zusammengebunden mit Seidenbändern.

ZEITAUFWAND

20 Minuten

SCHWIERIGKEITSGRAD

❀❀❀

BLUMEN

20 Zweige orangefarbener Amarant
10 Zweige Pfefferkraut
15 rosa Strohblumen
10 Halme echtes Federgras
5 Zweige Schwarzkümmel
10 Halme braune Borstenhirse
5 Zweige getrockneter, dunkelrot gefärbter Ginster

ZUSÄTZLICH BENÖTIGEN SIE

- Gartenschere
- Naturbast
- 2 Seidenbänder

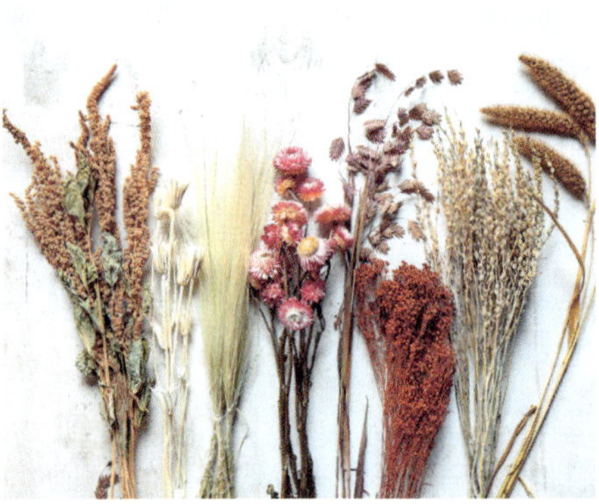

1. Bereiten Sie die Blumen auf der Arbeitsfläche vor und säubern Sie die Stiele von Amarant und Strohblumen.

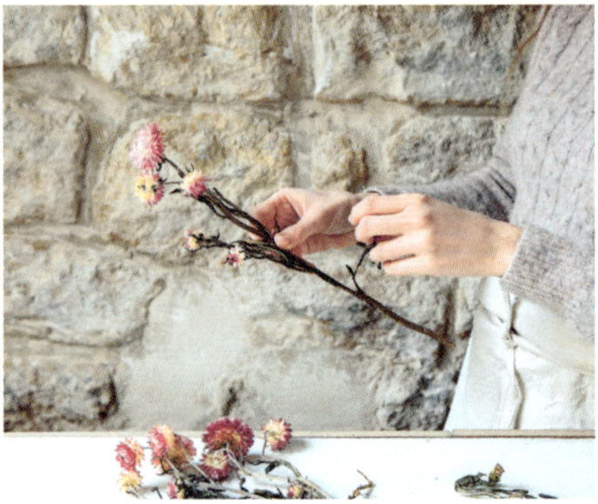

2. Den Strauß in einer Spirale anlegen. Beginnen Sie, indem Sie in einer Hand ein kleines Sträußchen aus farbigem Ginster formen, ordnen Sie dann die anderen Blumen rund um dieses Sträußchen an, sodass sie immer in dieselbe Richtung zeigen.

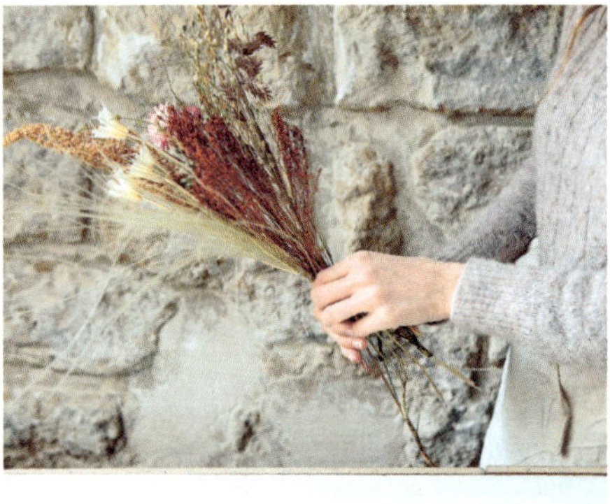

3. Sorgen Sie für unterschiedliche Höhen, indem Sie Federgras und Pfefferkraut aus dem Strauß herausragen lassen.

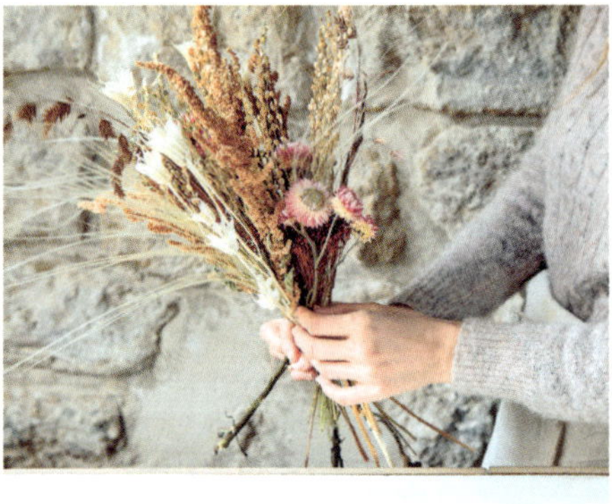

4. Drehen Sie den Strauß in regelmäßigen Abständen und fügen Sie die Blumen nach und nach immer tiefer unten hinzu.

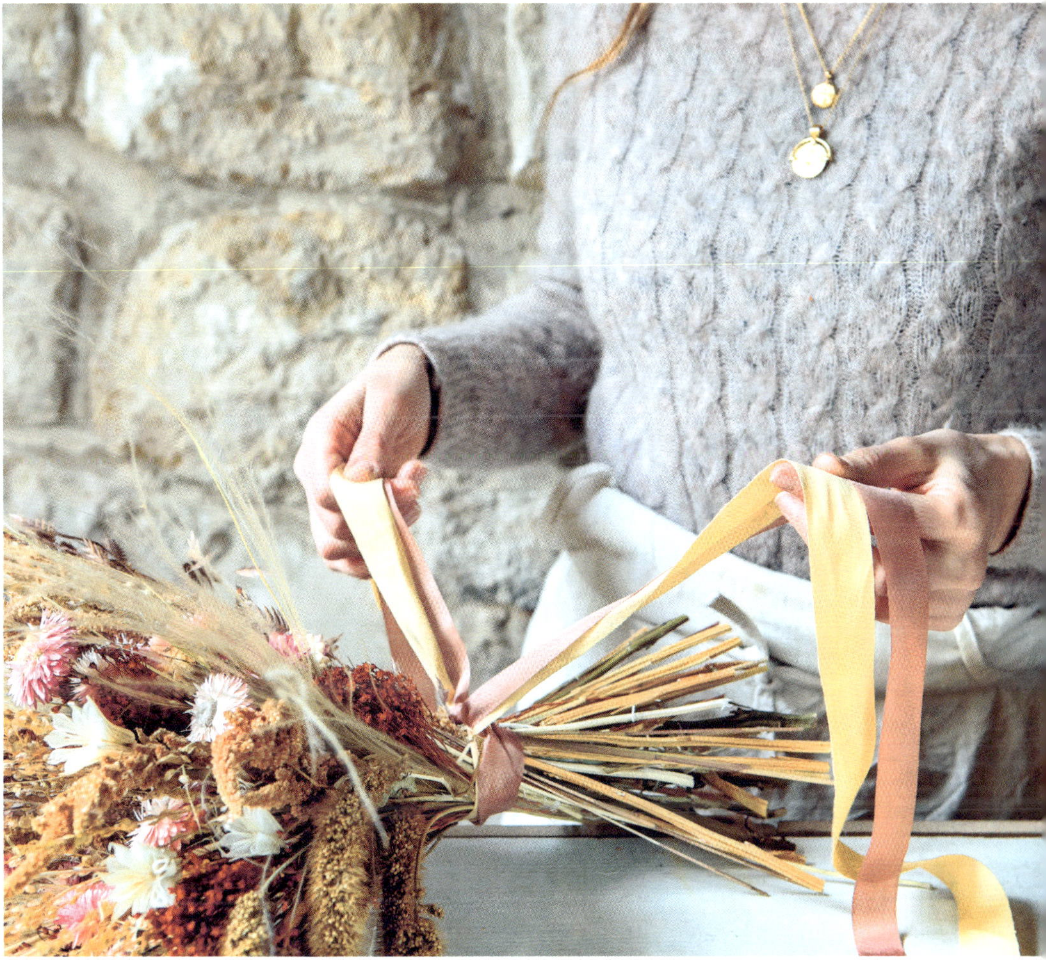

5. Schneiden Sie die Stiele mit einer Gartenschere auf eine gleichmäßige Länge ab und fixieren Sie den Strauß mit einem Stück Bast. Binden Sie zuletzt zwei verschiedenfarbige Seidenbänder um den Strauß.

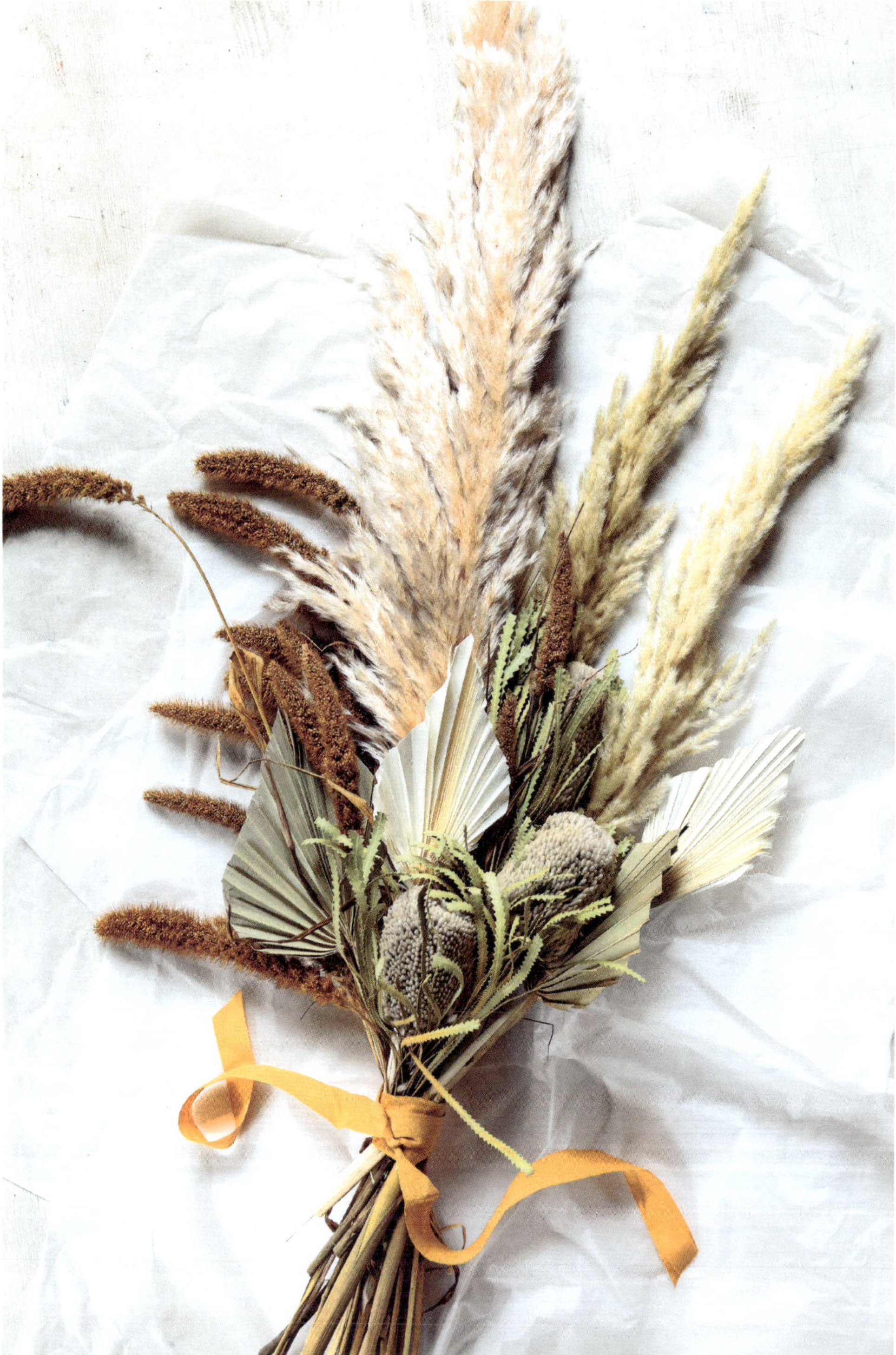

Exotischer Strauß

Ein hoher Strauß, der flach gebunden wird, um das Gewicht von Pampasgras und Banksien gut tragen zu können.

ZEITAUFWAND

20 Minuten

SCHWIERIGKEITSGRAD

(1 von 3)

BLUMEN

5 Halme Pampasgras
5 kleine Palmblätter
4 Banksien
15 Halme braune Borstenhirse

ZUSÄTZLICH BENÖTIGEN SIE

- Gartenschere
- Naturbast
- Band

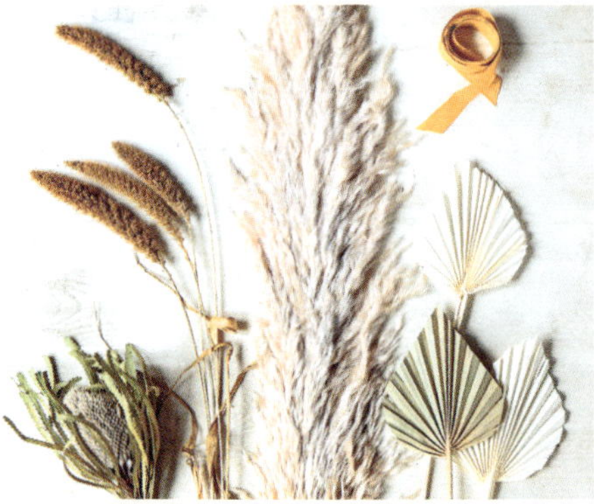

1. Bereiten Sie Ihre Blumen, nach Arten sortiert, vor.

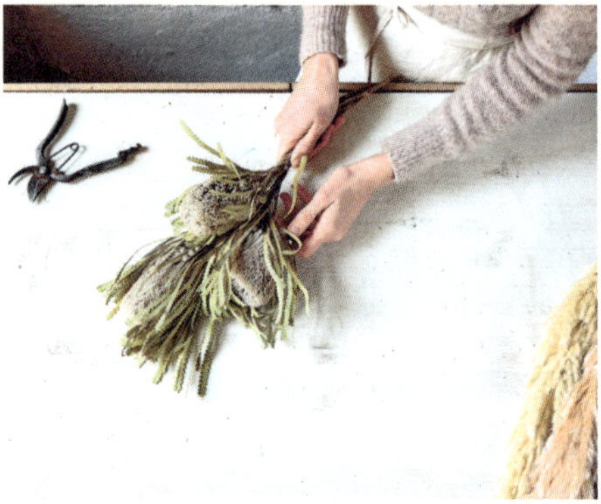

2. Formen Sie einen flachen Strauß aus drei Banksien, die Köpfe der Banksien sollten dabei auf der Arbeitsfläche aufliegen, und halten Sie die Stiele fest.

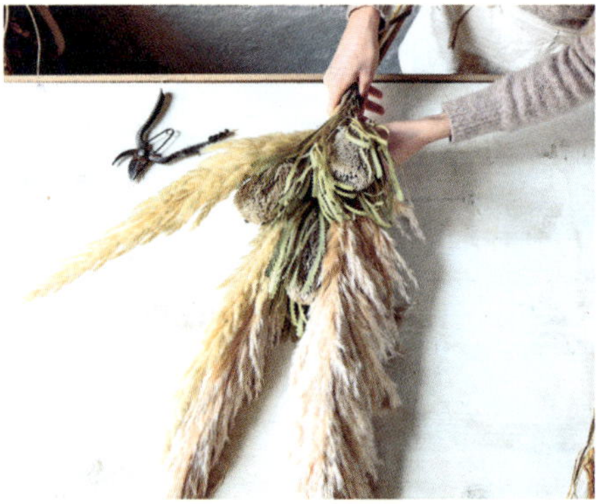

3. Stecken Sie das Pampasgras zwischen die Banksien.

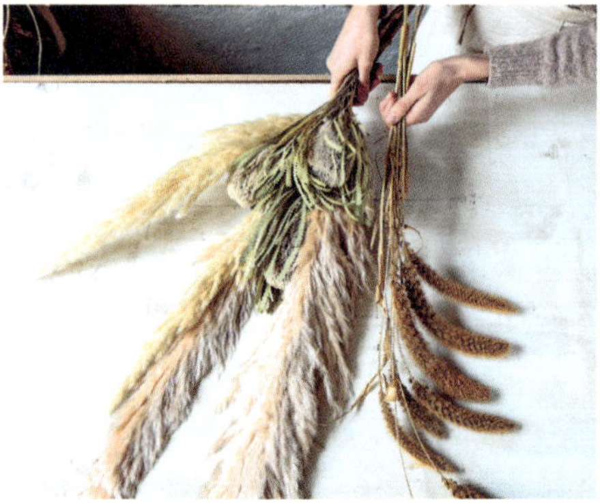

4. Fügen Sie die Borstenhirse in kleinen Bündeln in den Strauß ein.

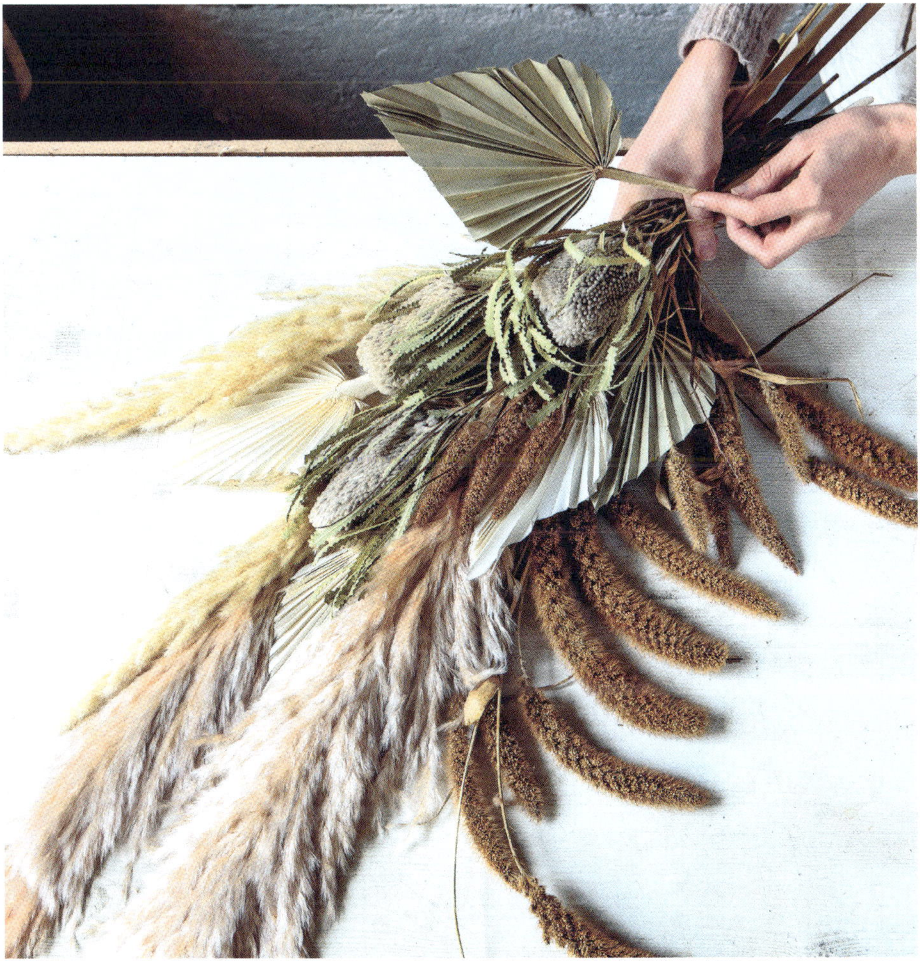

5. Arbeiten Sie anschließend die Palmblätter ein. Binden Sie den Strauß fest, aber flach zusammen, und binden Sie zur Dekoration ein oder zwei farbige Bänder um den Strauß. Schneiden Sie zum Schluss die Stiele je nach Höhe Ihrer Vase auf eine einheitliche Länge ab.

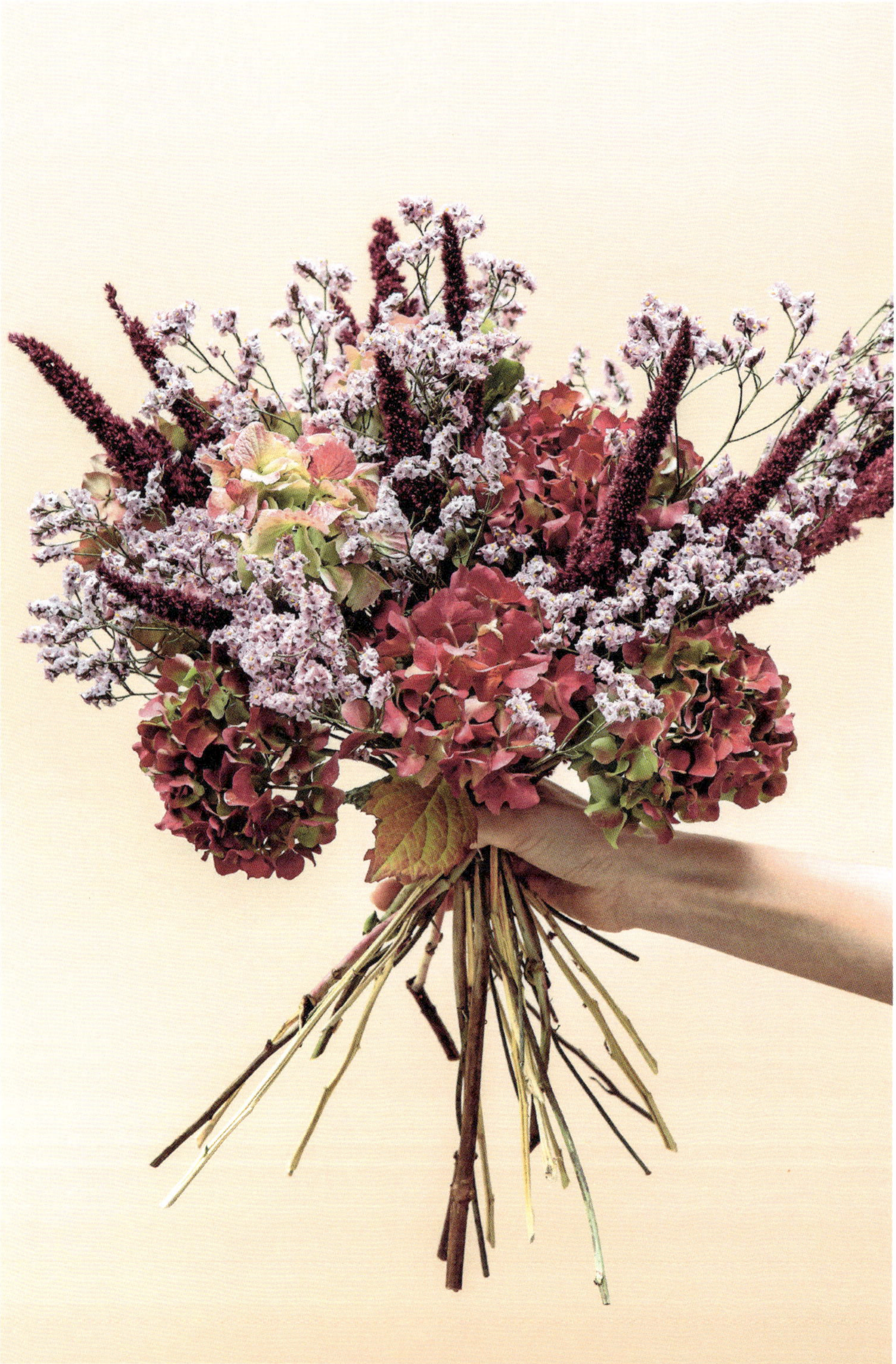

Strauß zum Trocknen

Anleitung für einen Strauß, der niemals verwelkt oder verblasst.

ZEITAUFWAND

20 Minuten

SCHWIERIGKEITSGRAD

✿✿✿ (2 von 3)

BLUMEN

10 Hortensien
10 Zweige Purpurroter Amarant
5 Zweige rosa Strandflieder

ZUSÄTZLICH BENÖTIGEN SIE

- Gartenschere
- Naturbast
- 1 Vase, Höhe ca. 25 cm

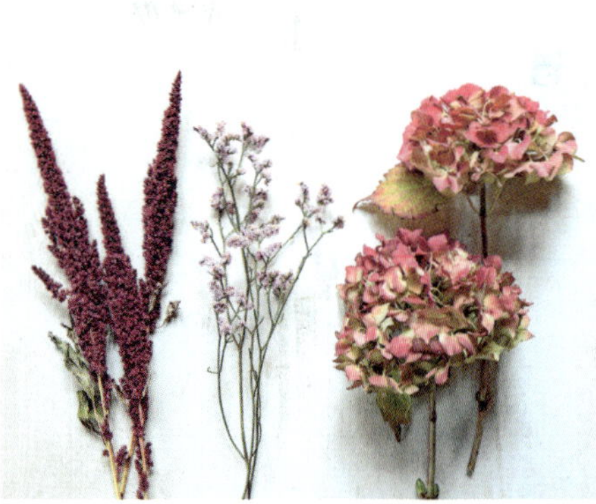

1. Bereiten Sie Ihre Blumen vor und säubern Sie sie: Entfernen Sie drei Viertel der Blätter von den Stielen der Hortensien und der Amarant-Zweige.

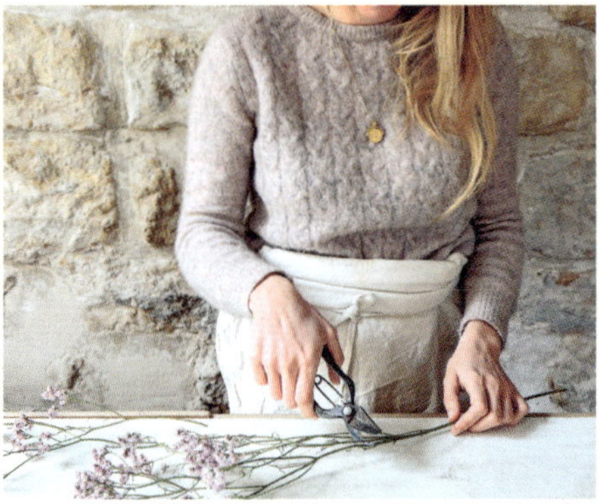

2. Teilen Sie, wenn nötig, den Strandflieder in einzelne Stiele.

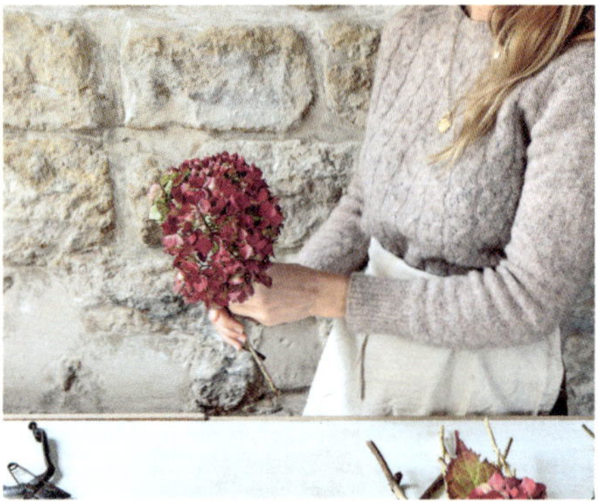

3. Beginnen Sie Ihren Strauß, indem Sie zwei oder drei Hortensien in eine Hand nehmen.

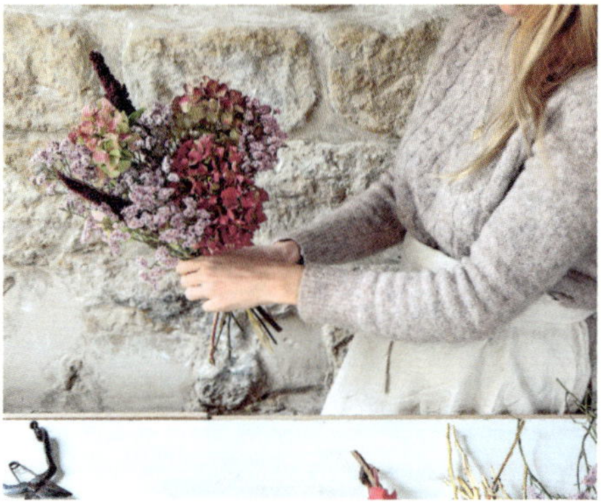

4. Stecken Sie zuerst den Strandflieder und dann den Amarant dazwischen, sodass die Pflanzen immer in dieselbe Richtung zeigen, und drehen Sie, während Sie fortfahren, den Strauß in regelmäßigen Abständen.

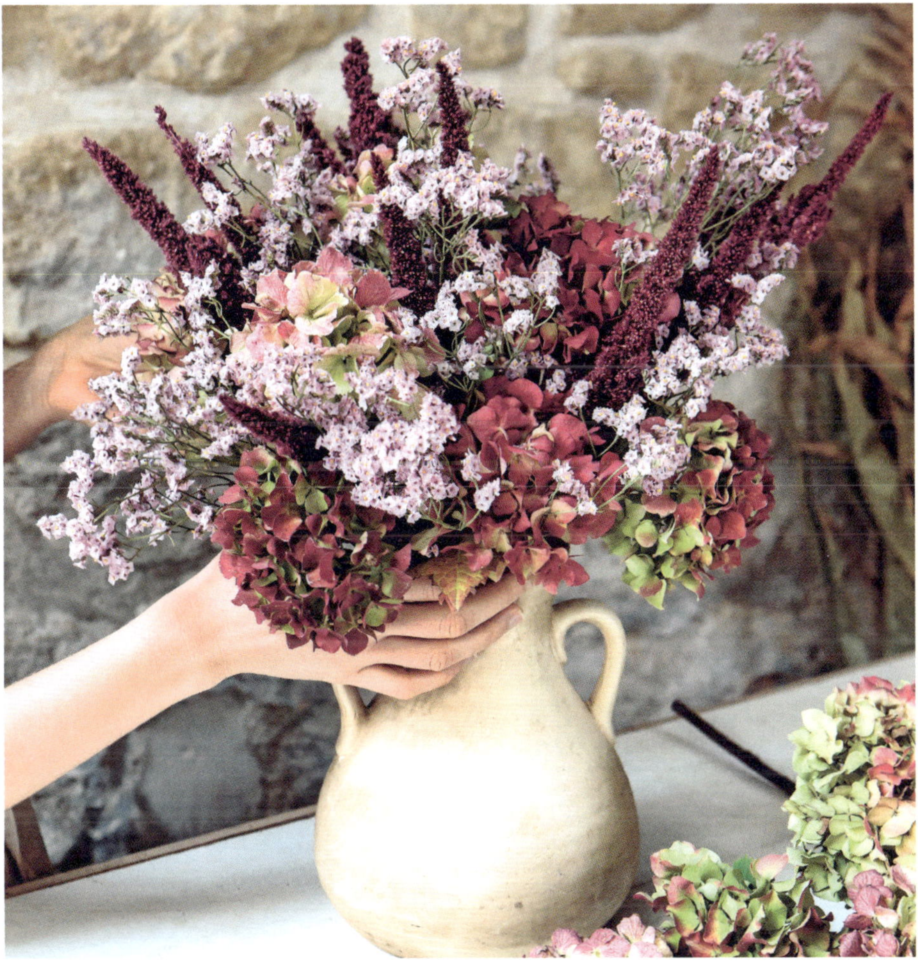

5. Schneiden Sie die Stiele auf die Höhe der Vase zu. Stellen Sie den Strauß in die Vase mit etwas Wasser, so wird er langsam austrocknen.

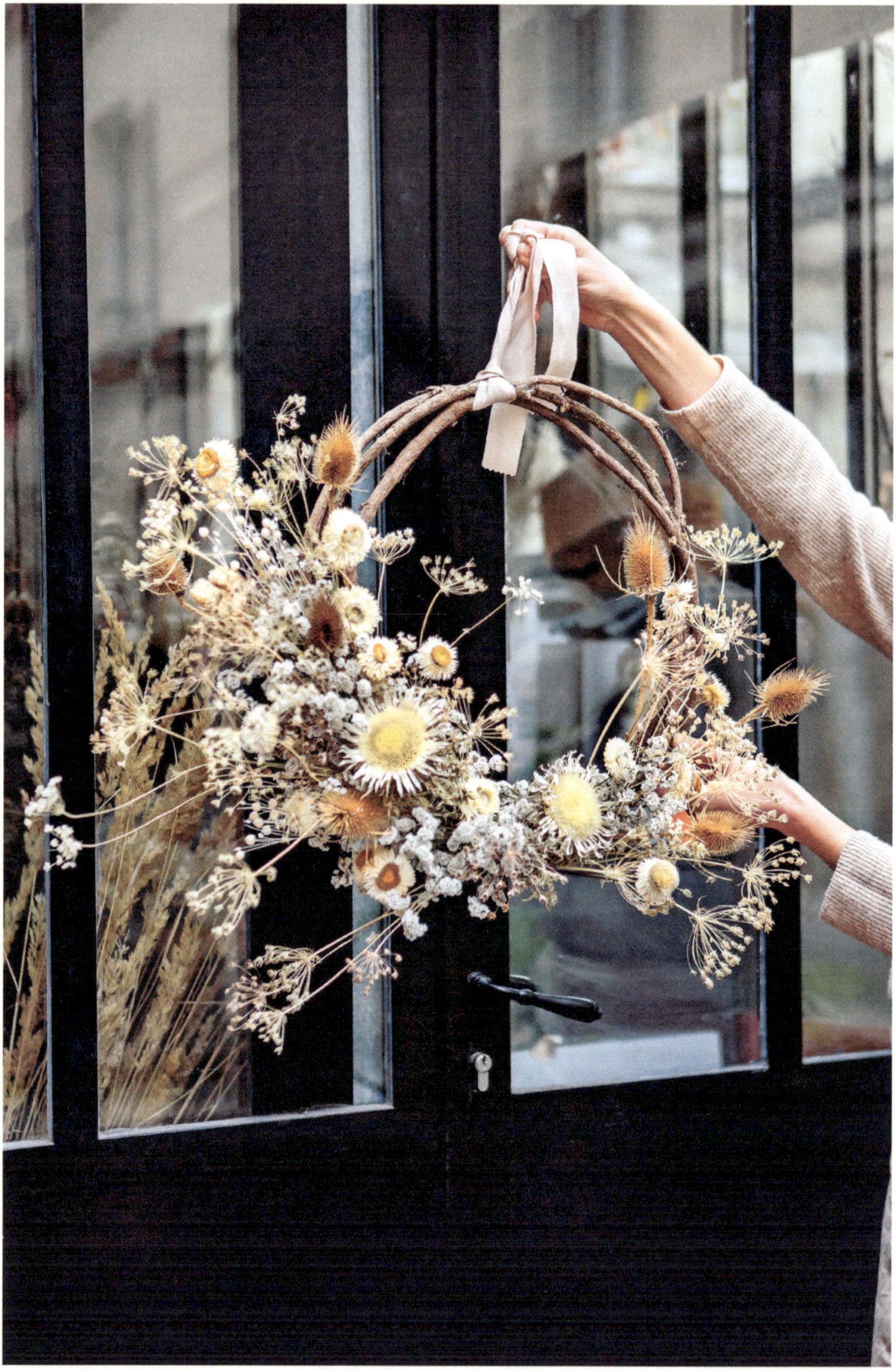

Winterkranz

Eine Alternative zum traditionellen Festtagskranz oder zum Adventkranz.

ZEITAUFWAND

60 Minuten

SCHWIERIGKEITSGRAD

❀❀❀

BLUMEN

2 Silberdisteln
10 weiße Strohblumen
15 Zweige weißer Strandflieder
20 Zweige Bischofskraut
6 Stk. Wilde Karde
2 oder 3 Zweige von Glyzinien oder Wildem Wein als Basis für den Kranz

ZUSÄTZLICH BENÖTIGEN SIE

- Gartenschere
- Draht oder Papierdraht
- Floralkleber
- Band

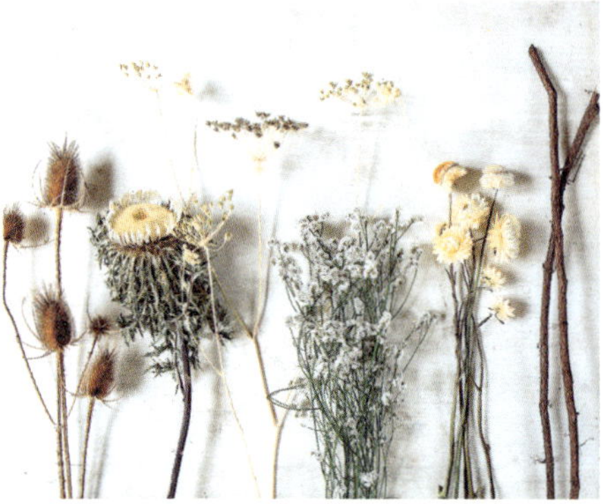

1. Bereiten Sie Ihre Blumen auf der Arbeitsfläche vor und entfernen Sie die Blätter von den Strohblumen.

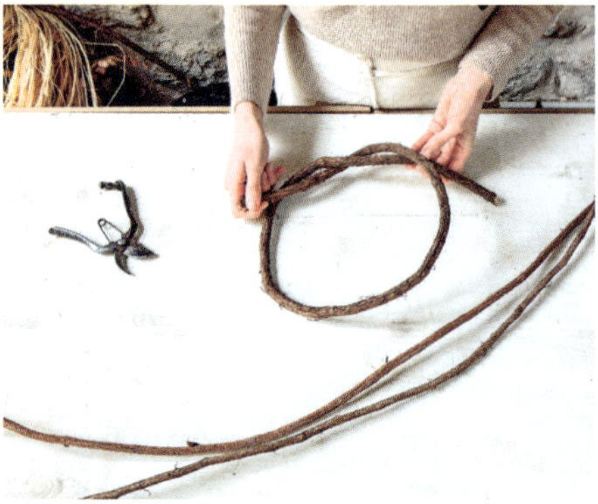

2. Formen Sie einen Ring mit einem Durchmesser von ca. 25 cm aus einem Zweig Glyzinie oder Wildem Wein und stecken Sie die Enden ineinander.

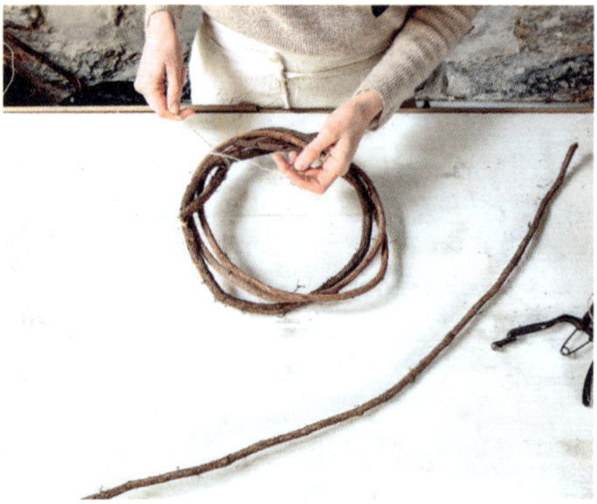

3. Wickeln Sie die beiden anderen Zweige in der gleichen Art herum und befestigen Sie sie an mehreren Stellen mit Draht.

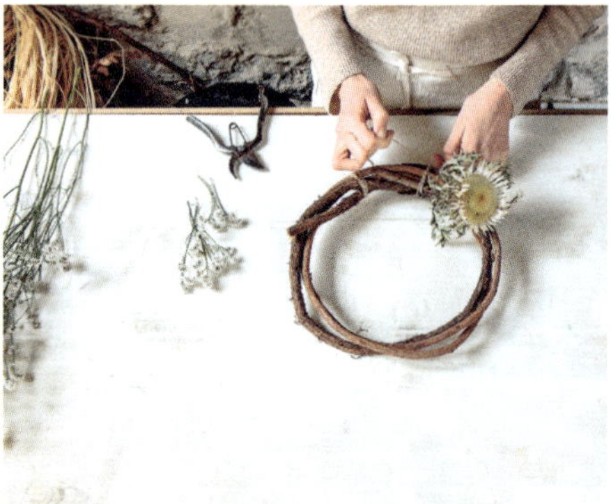

4. Schneiden Sie den Stiel einer Silberdistel auf etwa 8 cm Länge ab und befestigen Sie diese mit Draht am Kranz.

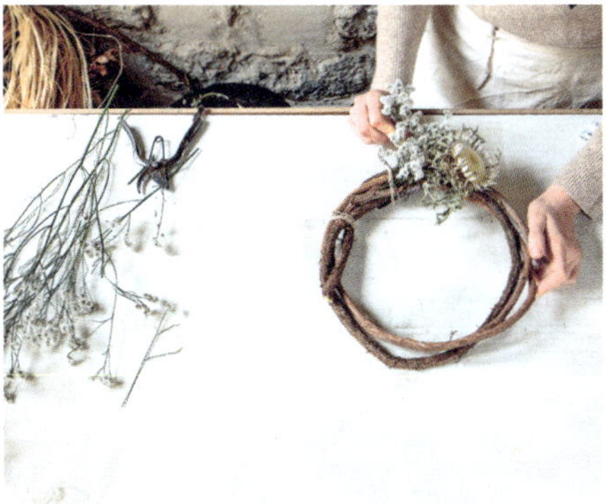

5. Befestigen Sie auf die gleiche Art den Strandflieder in kleinen Sträußchen und dekorieren Sie den Kranz abwechselnd mit den verschiedenen Blumenarten.

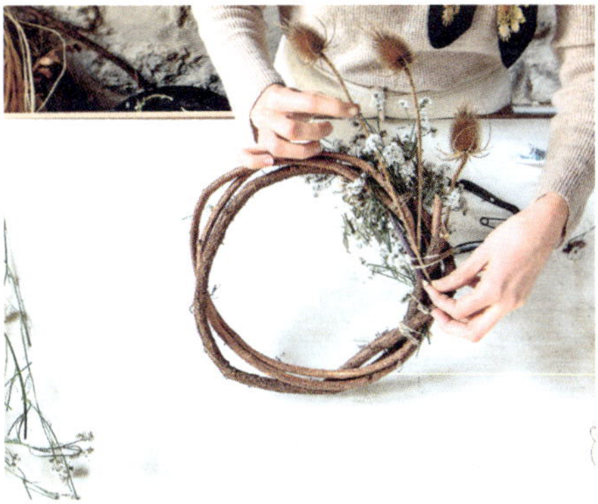

6. Stecken Sie große Zweige, wie Bischofskraut oder Wilde Karde, in die bereits vorhandenen Drahtbefestigungen.

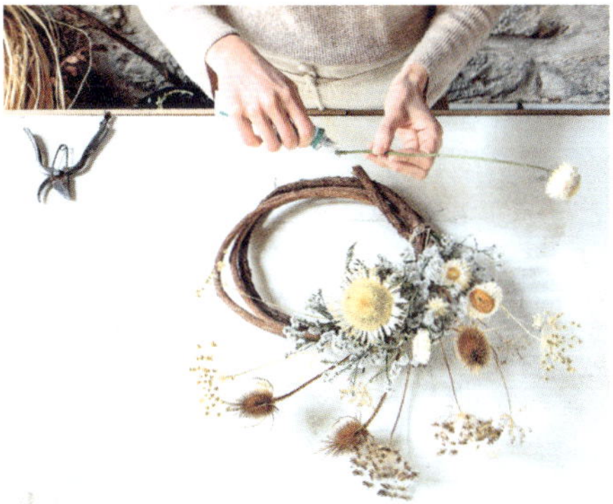

7. Falls erforderlich, verwenden Sie etwas Floralkleber, um sehr empfindliche Blumen zu befestigen.

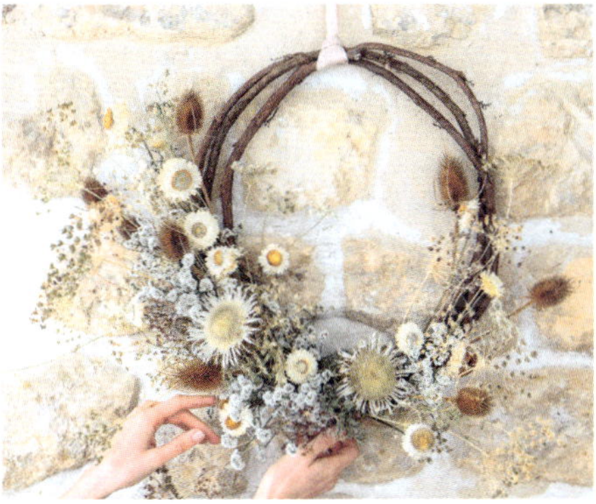

8. Befestigen Sie das Band oben mittig am Kranz und hängen Sie ihn an die Wand oder die Haustür.

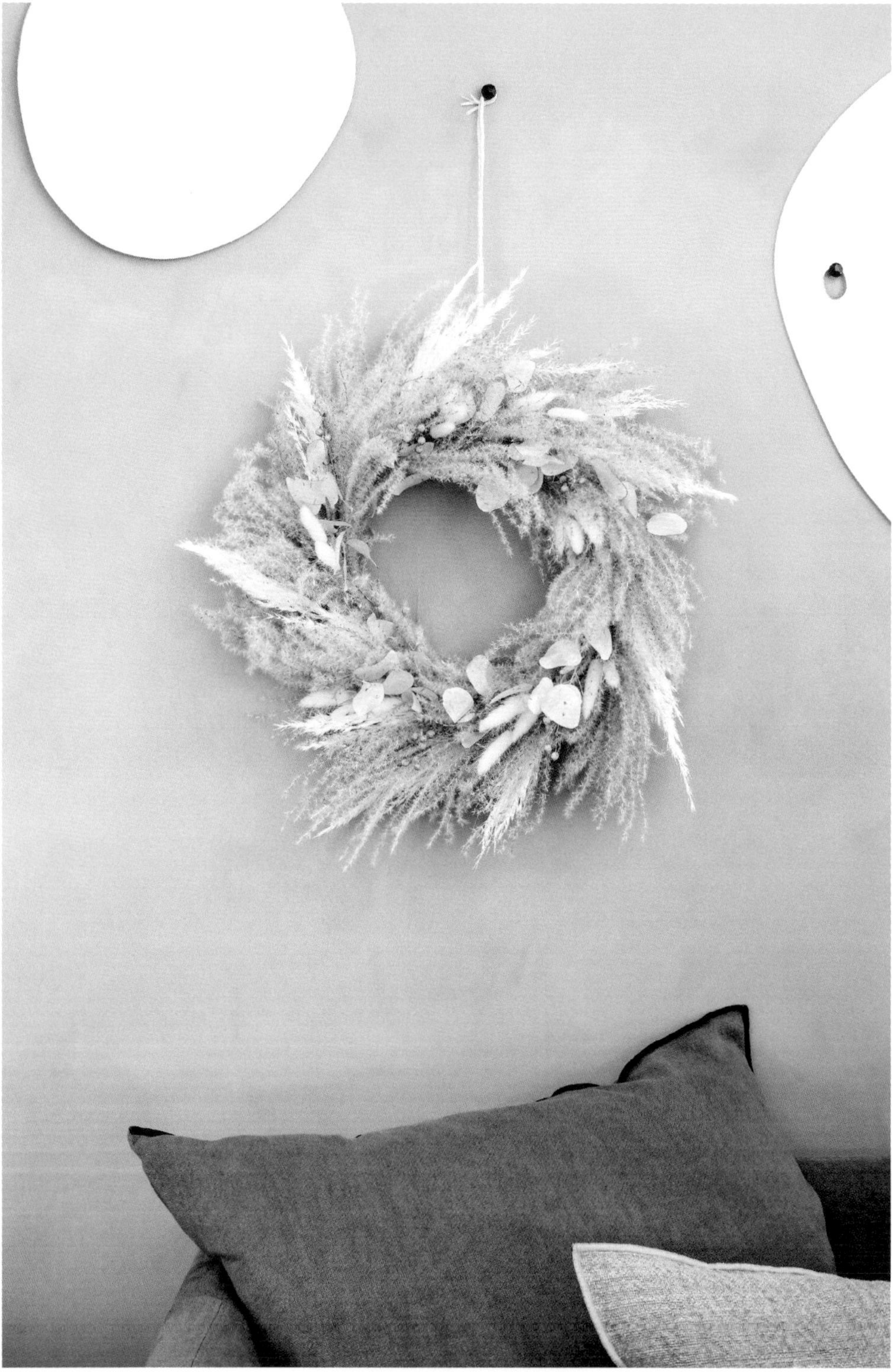

Gräserkranz

Ein dekorativer Wandschmuck mit einem Hauch Romantik.

ZEITAUFWAND

60 Minuten

SCHWIERIGKEITSGRAD

2 von 3

BLUMEN

50 Halme Chinaschilf
1 Halme gebleichtes Pampasgras
2 Zweige Silberblatt
3 Halme Flachs
15 Halme gebleichtes Samtgras
3 frische Weidenzweige

ZUSÄTZLICH BENÖTIGEN SIE

- Gartenschere
- Draht oder Papierdraht
- Floralkleber

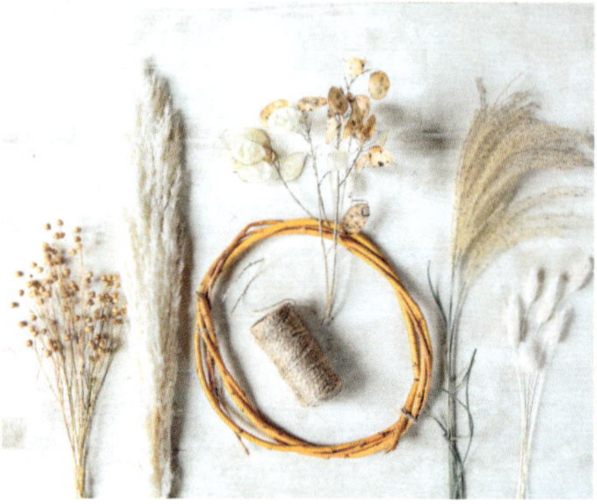

1. Bereiten Sie Ihre Blumen, nach Arten sortiert, vor.

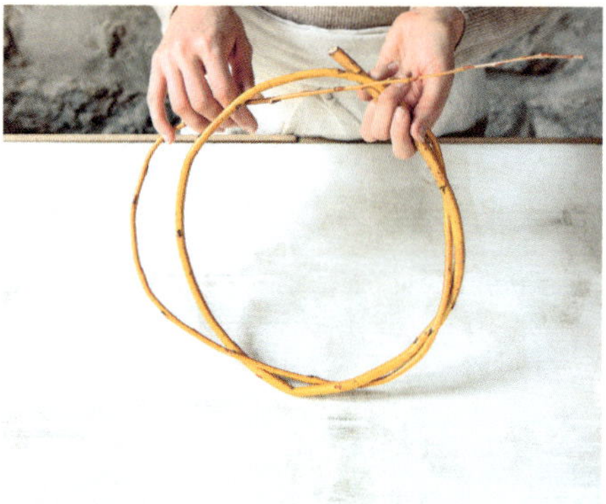

2. Die Basis für den Kranz aus den frischen Weidenzweigen: Wärmen Sie dafür die Zweige mit Ihren Händen, um sie biegsamer zu machen, und formen Sie sie anschließend zu einem Ring mit 25 cm Durchmesser.

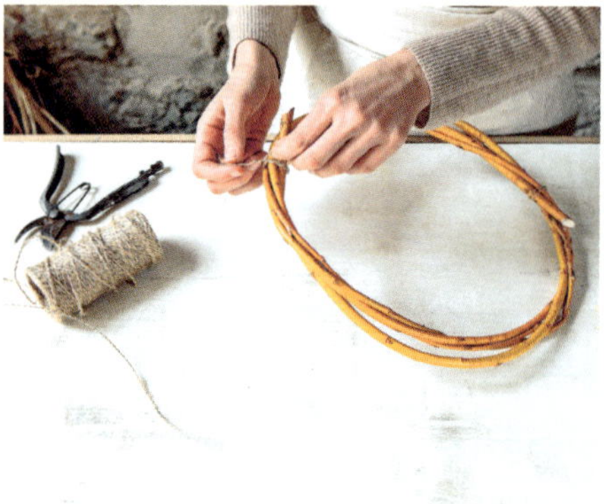

3. Stecken Sie die Enden der Zweige ineinander und befestigen Sie sie an mehreren Stellen mit Draht.

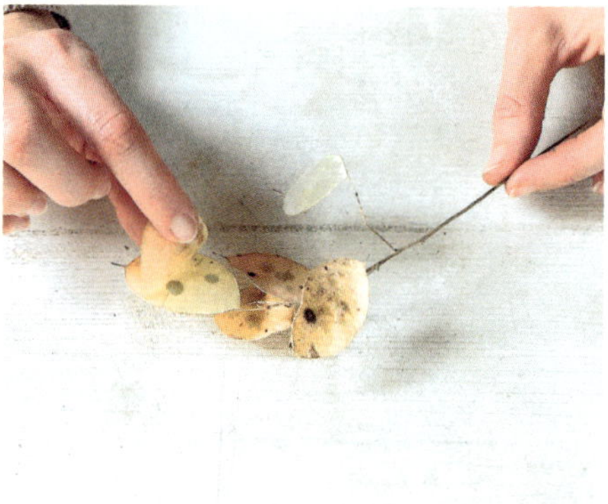

4. „Schälen" Sie das Silberblatt, indem Sie die beiden dünnen Schichten entfernen, die die Samenschoten umhüllen, um die dünne zentrale perlmuttartige Scheidewand freizulegen.

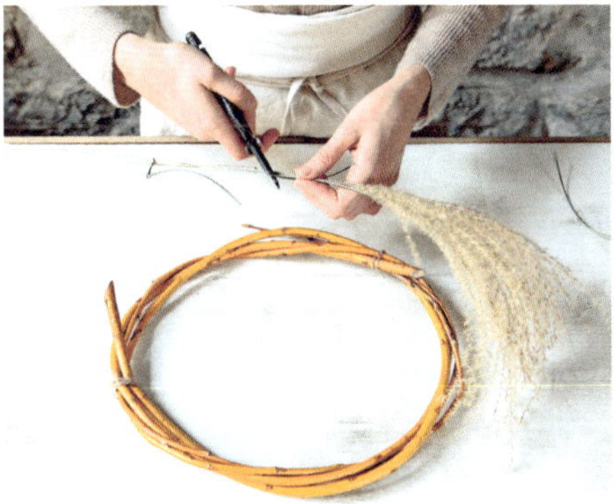

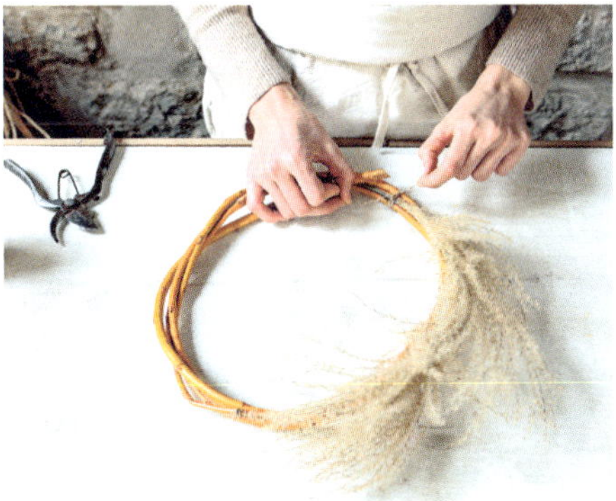

5. Schneiden Sie die Stiele des Chinaschilfs 1 cm unterhalb der Federbüschel ab.

6. Stecken Sie das Chinaschilf zwischen die Weidenzweige oder befestigen Sie es mit Draht am Weidenkranz. Arbeiten Sie sich so um den Kranz herum und bedecken Sie diesen großzügig mit den Gräsern.

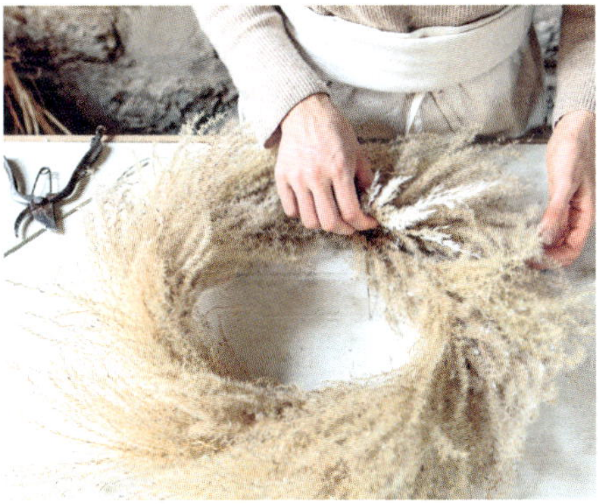

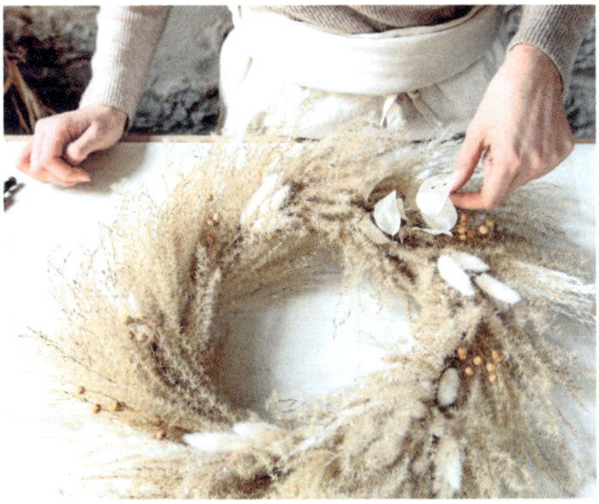

7. Trennen Sie einige kleine Stränge vom gebleichten Pampasgras ab und befestigen Sie diese mit Floralkleber am Kranz. Geben Sie dafür jeweils einen kleinen Tropfen Kleber auf das Ende des Stiels und bringen Sie ihn sofort auf dem Kranz an.

8. Befestigen Sie zuletzt Samtgras, Silberblatt und Flachs mit etwas Floralkleber am Kranz.

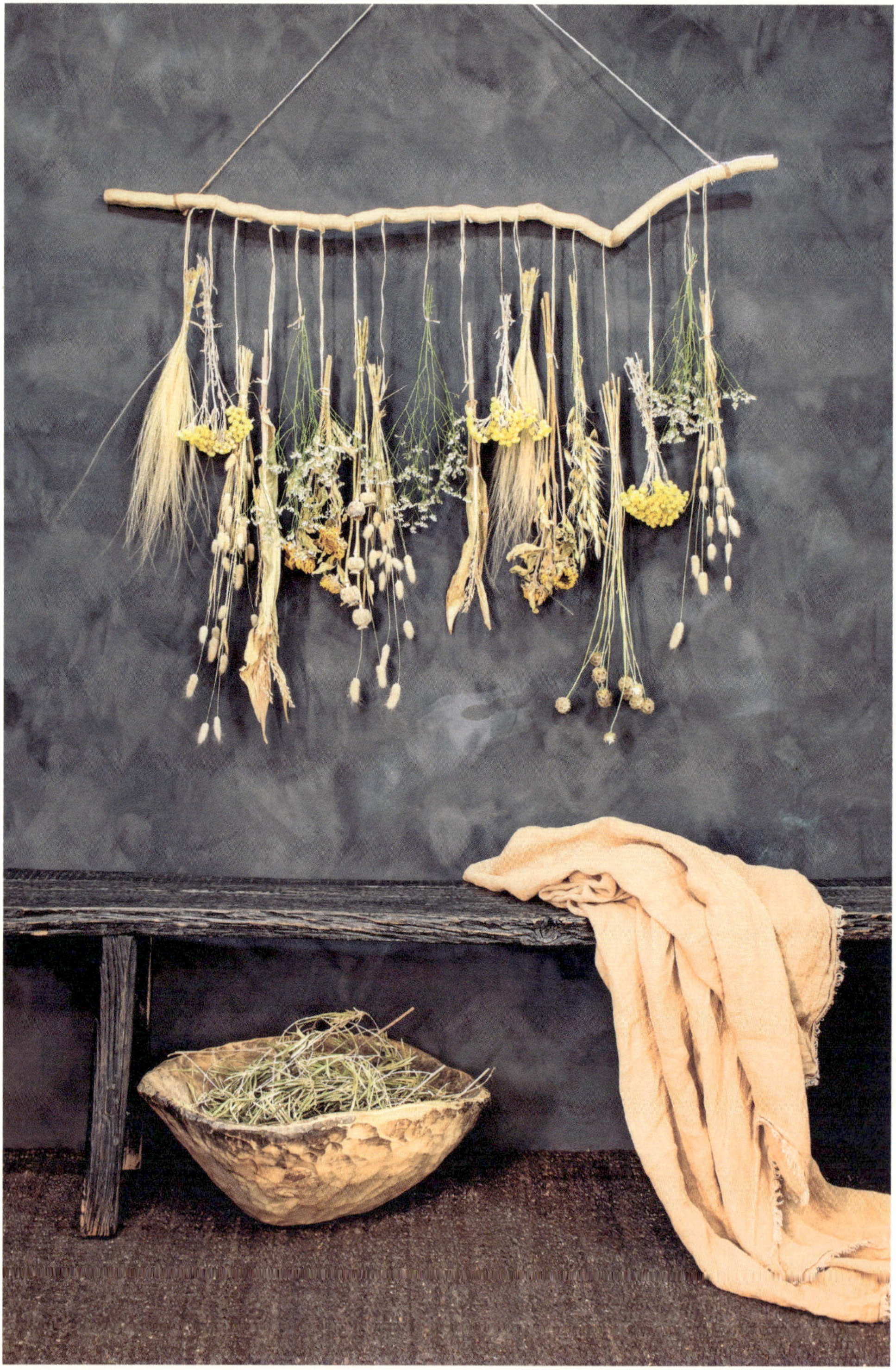

Wandbehang

Eine einfache Dekoration für die Wände in Ihrem Haus aus Blumen, gesammelt beim Spazierengehen auf dem Land.

ZEITAUFWAND

20 Minuten

SCHWIERIGKEITSGRAD

❀ (1 von 3)

BLUMEN

3 Bund gelbe Strohblumen
5 Sonnenblumen
20 Halme Samtgras
15 Halme Echtes Federgras
20 Halme Wildhafer
5 Mohnkapseln
10 Stern-Skabiosen
10 Zweige weißer Strandflieder

ZUSÄTZLICH BENÖTIGEN SIE

- 1 Ast, Länge ca. 70 cm (z. B. Buche)
- Naturbast
- Gartenschere
- 1 Schnur oder Kordel zum Aufhängen

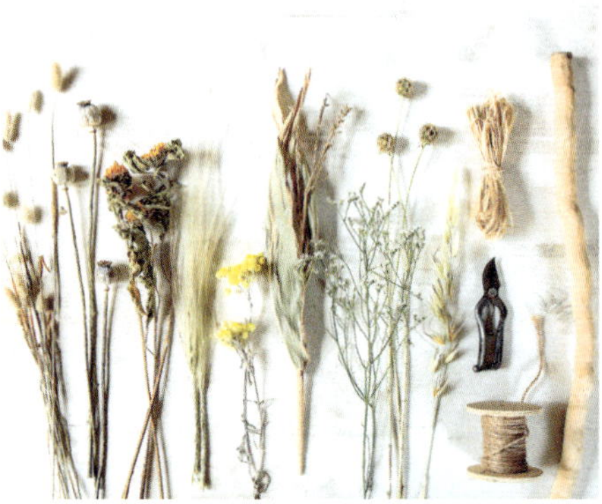

1. Bereiten Sie Ihre Blumen vor. Wir haben hier gelbe Farbtöne ausgewählt, aber Sie können auch beliebiges Blattwerk oder Kräuter verwenden, die Sie selbst gesammelt haben.

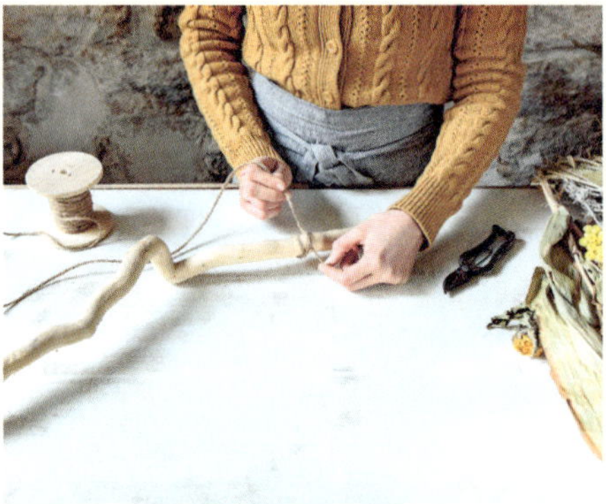

2. Befestigen Sie die Schnur an den beiden Enden des Asts.

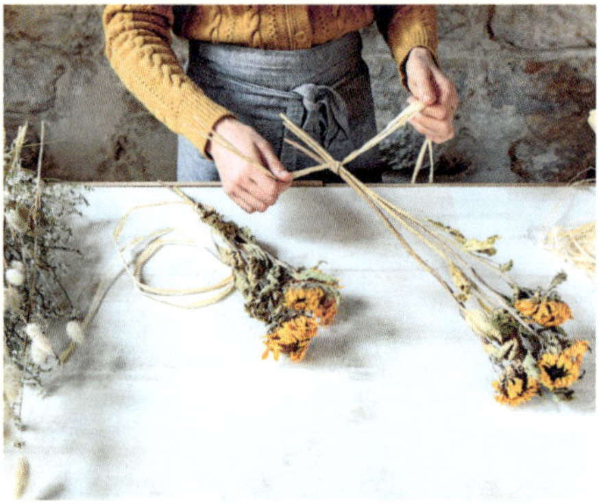

3. Formen Sie die ausgewählten Pflanzen zu kleinen Sträußchen von unterschiedlicher Länge, zwischen 20 und 50 cm, mit etwa fünf bis zehn Stück je Sträußchen.

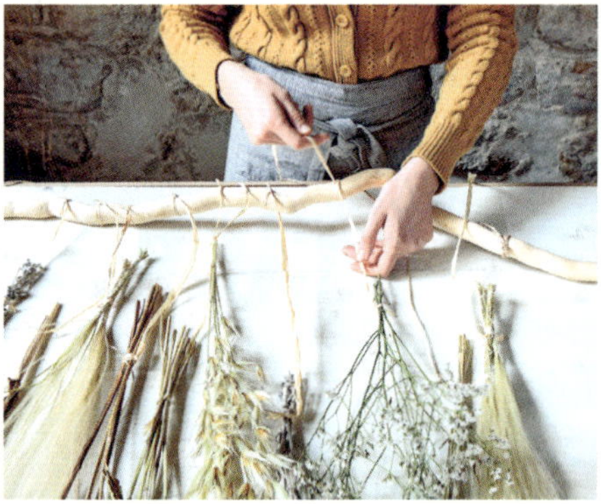

4. Platzieren Sie alle Sträußchen in gestaffelter Höhe unter dem Ast. Binden Sie die Sträußchen mit Bast am Ast fest.

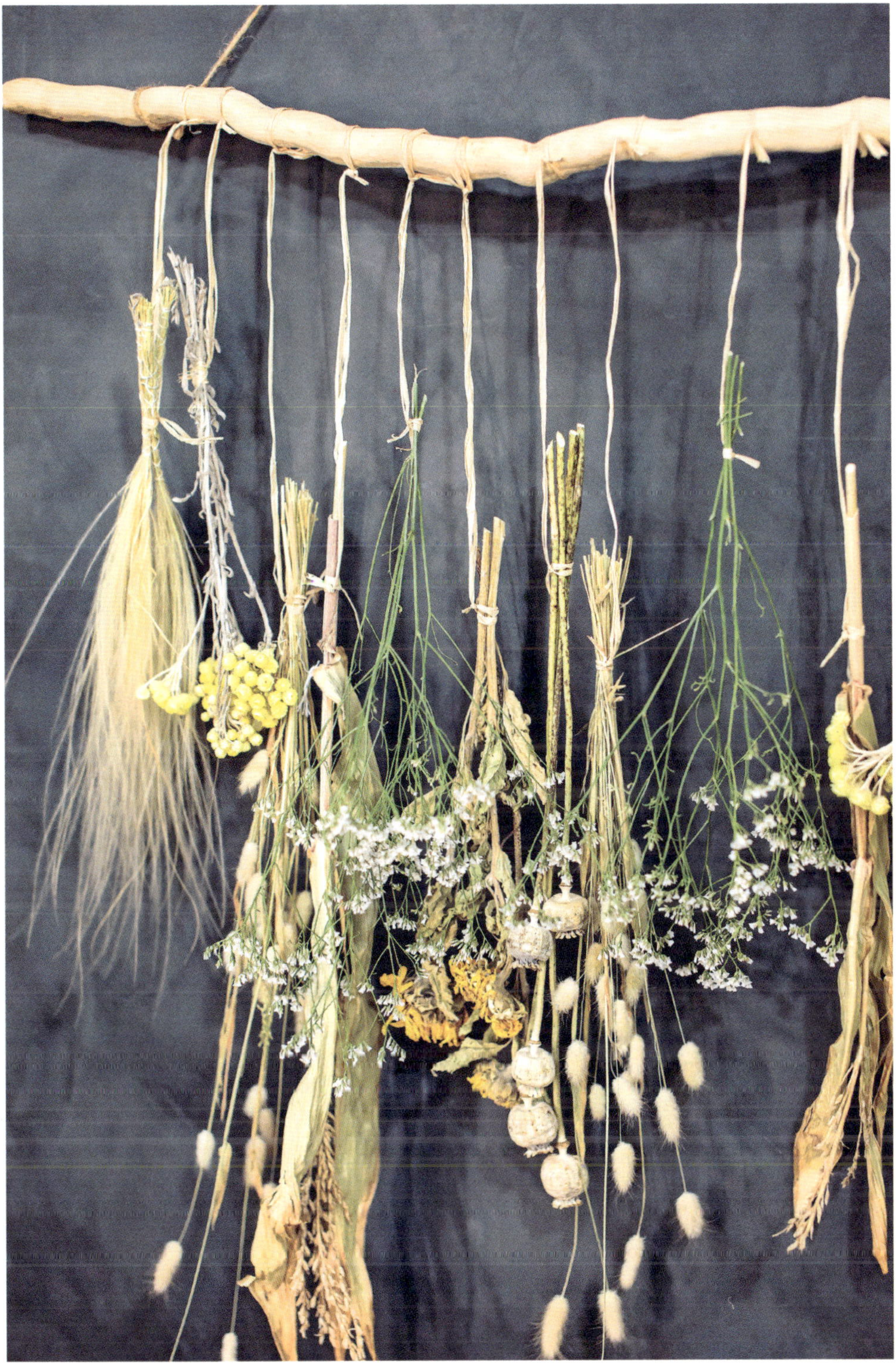

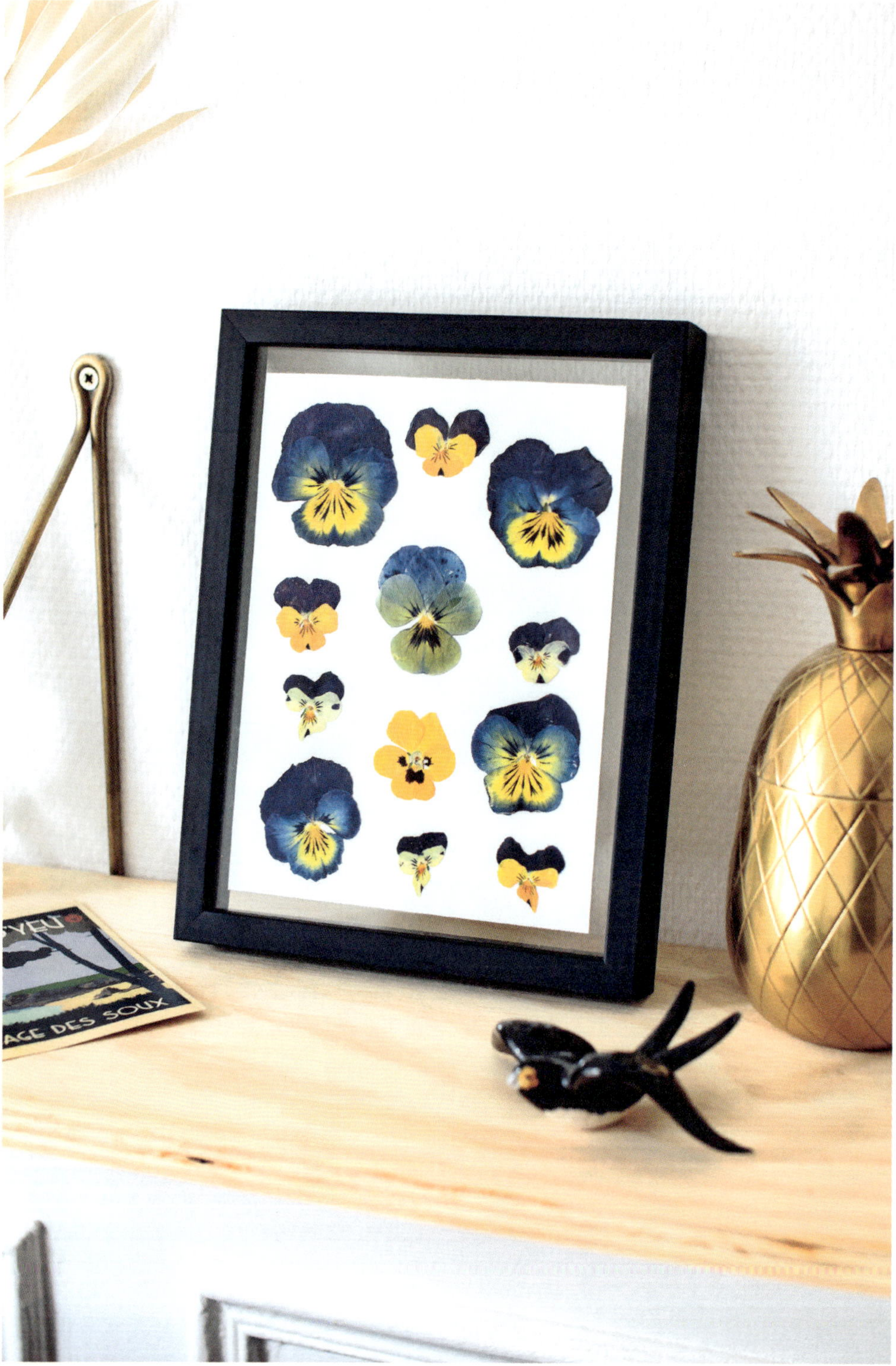

Stiefmütterchen-Herbarium

Konservieren Sie Ihre schönsten Stiefmütterchen hinter Glas. Die Neuinterpretation des Herbariums als Blumen-Bild.

ZEITAUFWAND

30 Minuten

SCHWIERIGKEITSGRAD

BLUMEN

10–12 getrocknete Stiefmütterchen in unterschiedlichen Größen

ZUSÄTZLICH BENÖTIGEN SIE

- Gartenschere
- Klebstoff, weiß
- Pinsel
- 1 Bogen festes Papier (Kunstdruckpapier)
- 1 Bilderrahmen

Zum Trocknen:
- 2 Blatt Papier
- 2 Bögen Karton
- 4 Briefklemmer

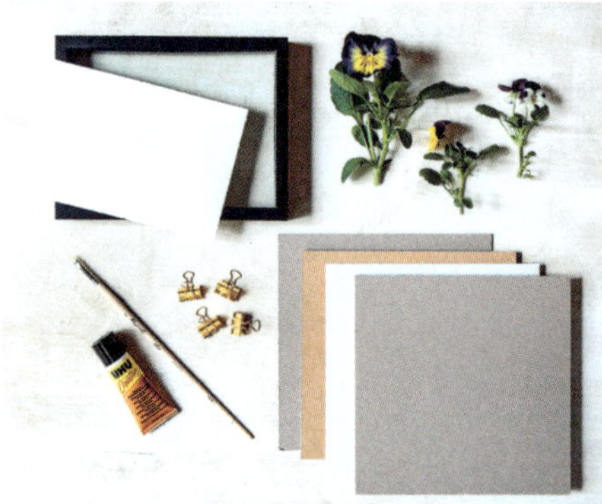

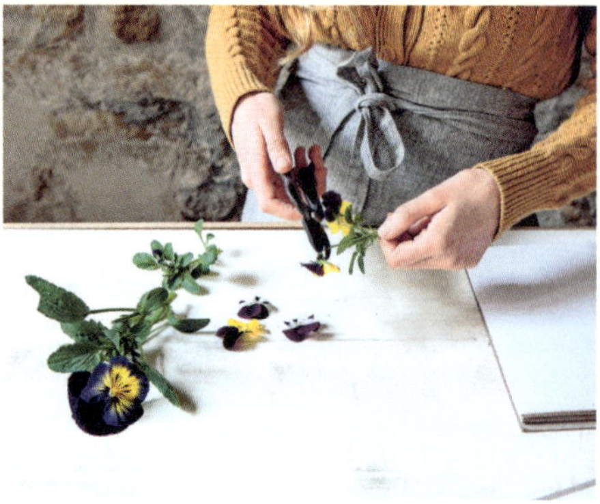

1. Bereiten Sie alle benötigten Materialien und die Blumen vor. Sammeln Sie die Stiefmütterchen vorzugsweise in der Früh, bei trockenem, sonnigem Wetter.

2. Trocknen und pressen Sie die Blumen. Schneiden Sie dafür die Köpfe der Stiefmütterchen mit einer Gartenschere ab.

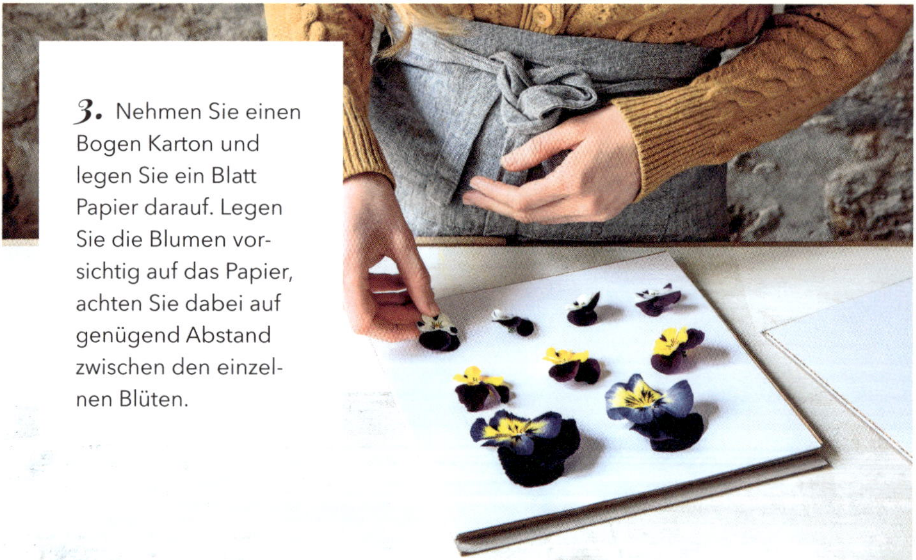

3. Nehmen Sie einen Bogen Karton und legen Sie ein Blatt Papier darauf. Legen Sie die Blumen vorsichtig auf das Papier, achten Sie dabei auf genügend Abstand zwischen den einzelnen Blüten.

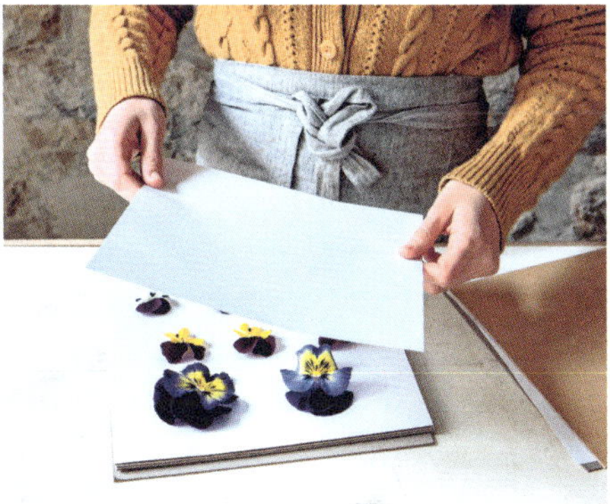

4. Bedecken Sie die Blumen zuerst mit dem zweiten Blatt Papier und legen Sie dann den zweiten Bogen Karton darauf.

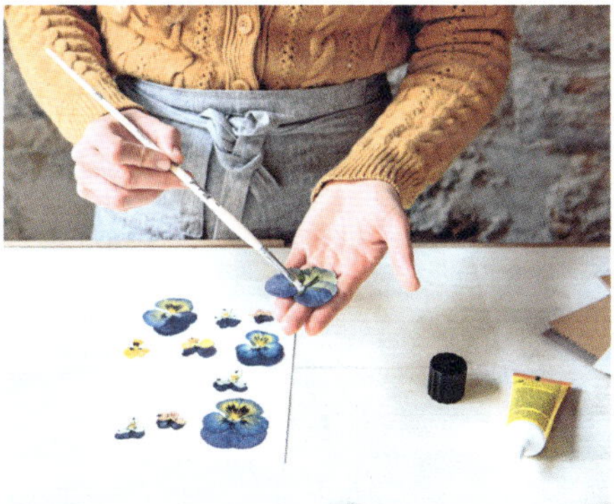

6. Wenn die Stiefmütterchen trocken sind, kleben Sie sie auf einen Bogen festes Papier, indem Sie mit dem Pinsel einen kleinen Tropfen Klebstoff mittig auf jede Blüte auftragen.

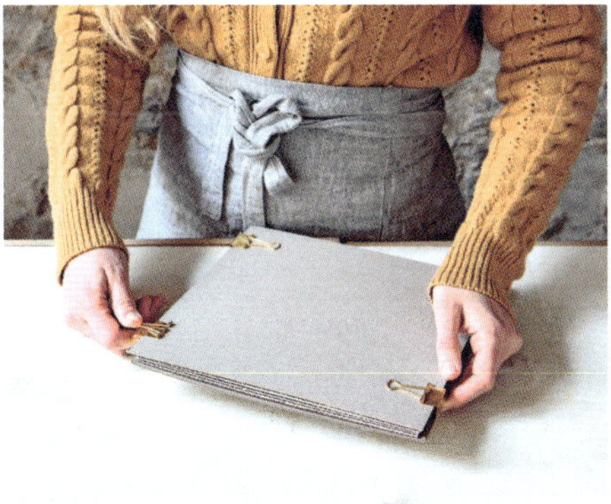

5. Fixieren Sie Papier und Karton mit den vier Briefklemmern und beschweren Sie die Lagen zum Pressen mit einem Gewicht. Lassen Sie die Blumen an einem trockenen Ort etwa zehn Tage stehen.

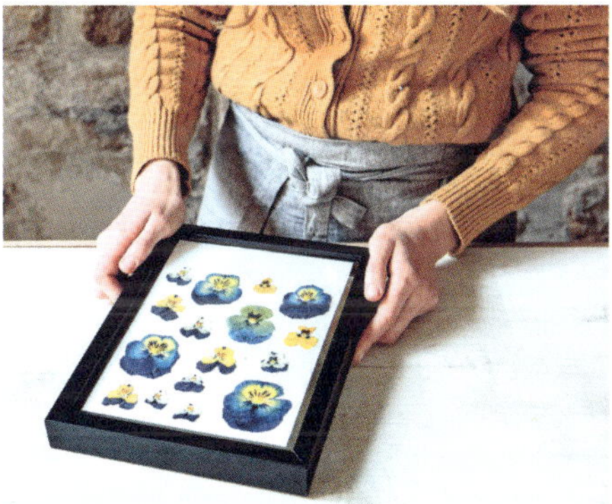

7. Vermeiden Sie es, Klebstoff auf die Blütenblätter aufzutragen, denn sie sind sehr empfindlich. Legen Sie das Papier mit den Blumen in den Bilderrahmen.

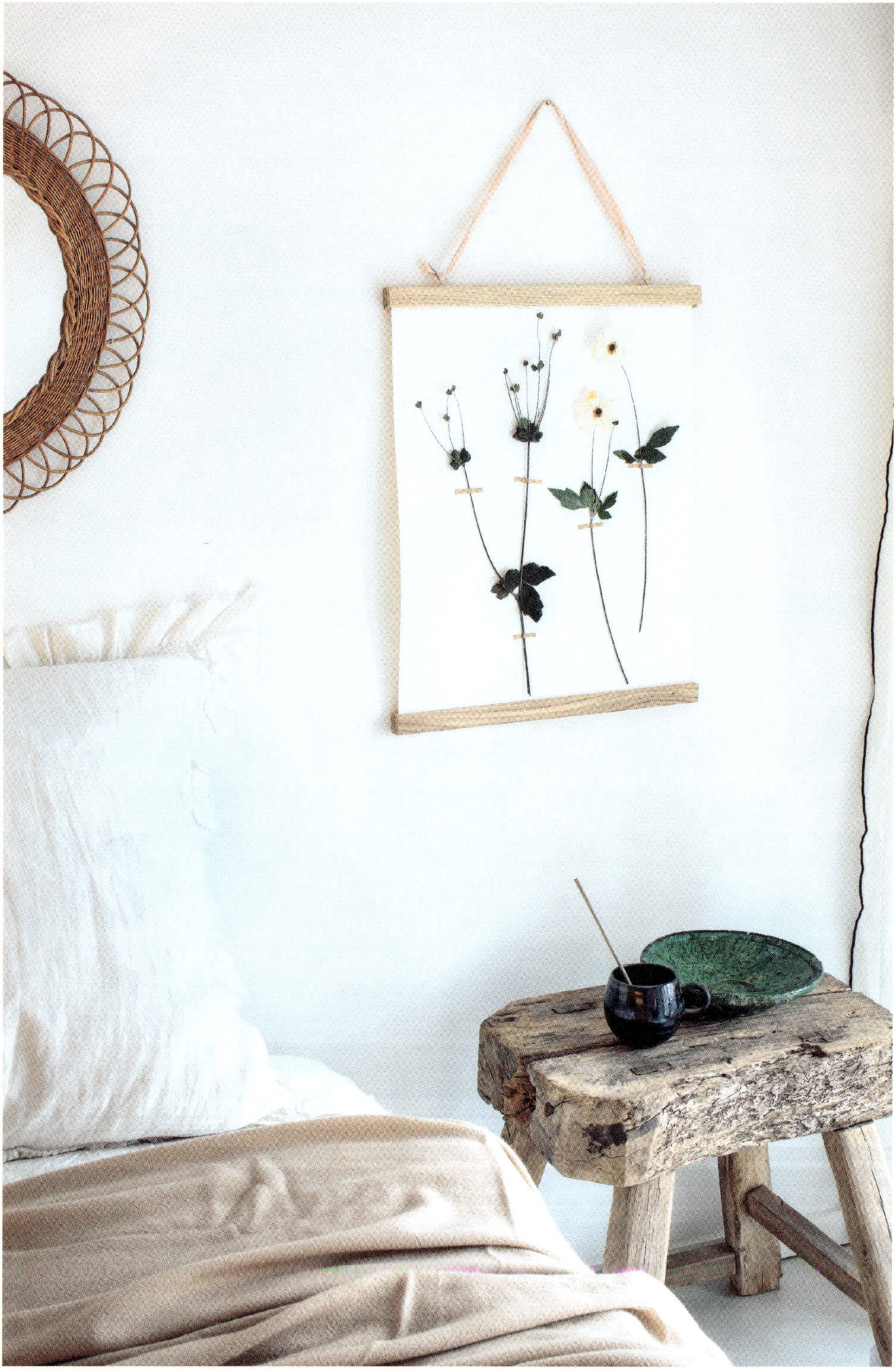

Natürliches Herbarium

Ein einfaches Herbarium mit dem traditionellen Charme botanischer Drucke.

ZEITAUFWAND

20 Minuten

SCHWIERIGKEITSGRAD

❀ (1 von 3)

BLUMEN

4 getrocknete japanische Anemonen

ZUSÄTZLICH BENÖTIGEN SIE

- 1 magnetischer Posteraufhänger und 1 Band zum Aufhängen
- 1 Bogen festes Papier (Kunstdruckpapier)
- Papierklebeband
- Schere

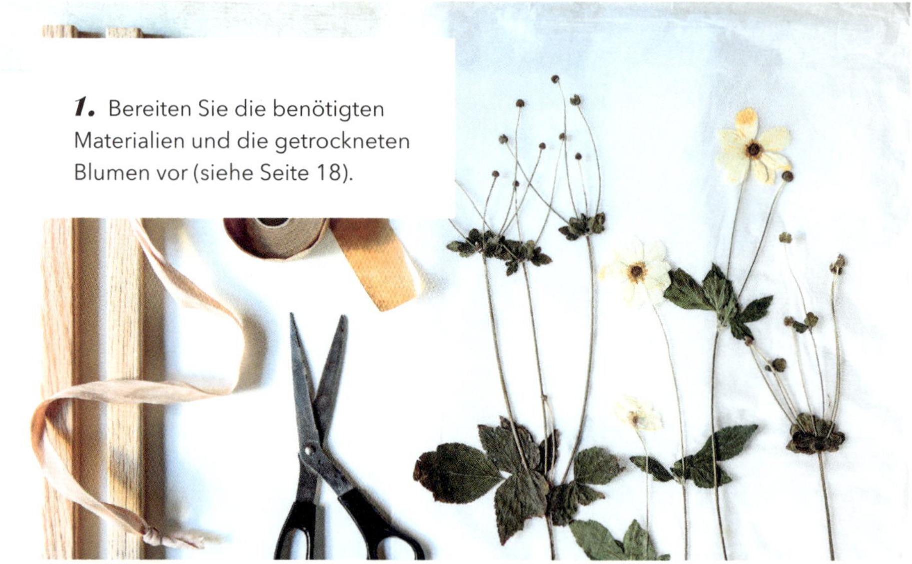

1. Bereiten Sie die benötigten Materialien und die getrockneten Blumen vor (siehe Seite 18).

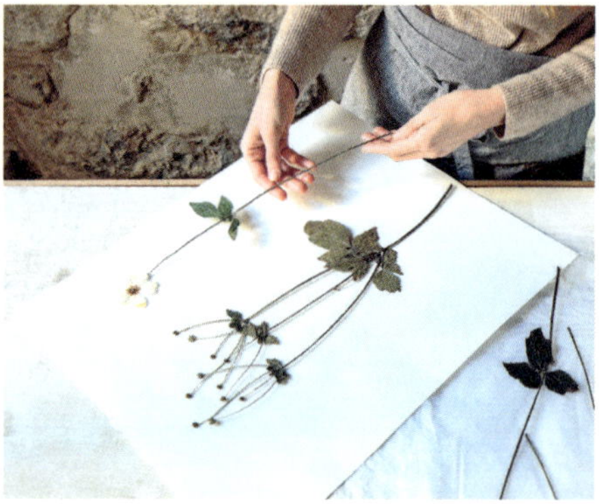

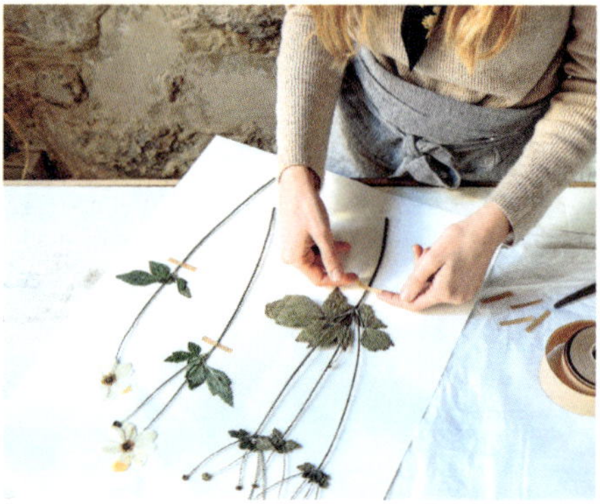

2. Platzieren Sie die Blumen vorsichtig auf dem Papier.

3. Kleben Sie sie die Blumen in der gewünschten Position mit dünnen Streifen angefeuchtetem Papierklebeband fest.

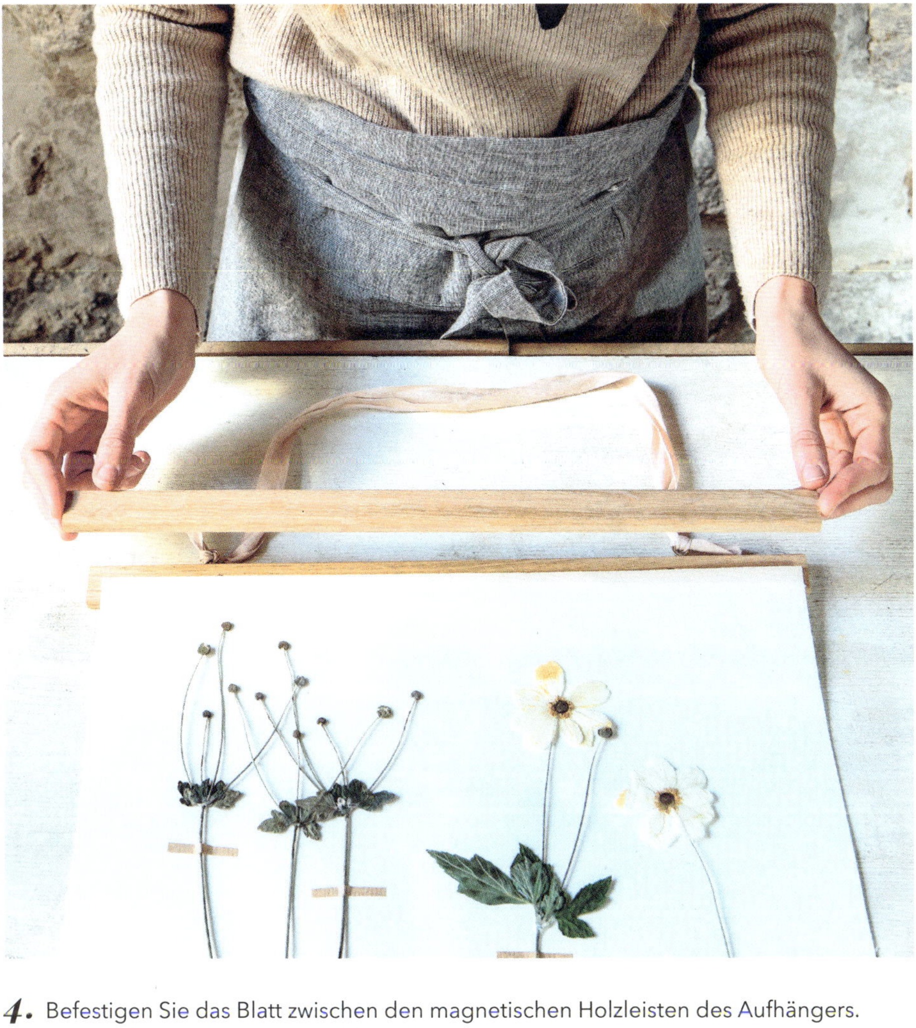

4. Befestigen Sie das Blatt zwischen den magnetischen Holzleisten des Aufhängers. Hängen Sie das Herbarium mit Hilfe des Bandes auf.

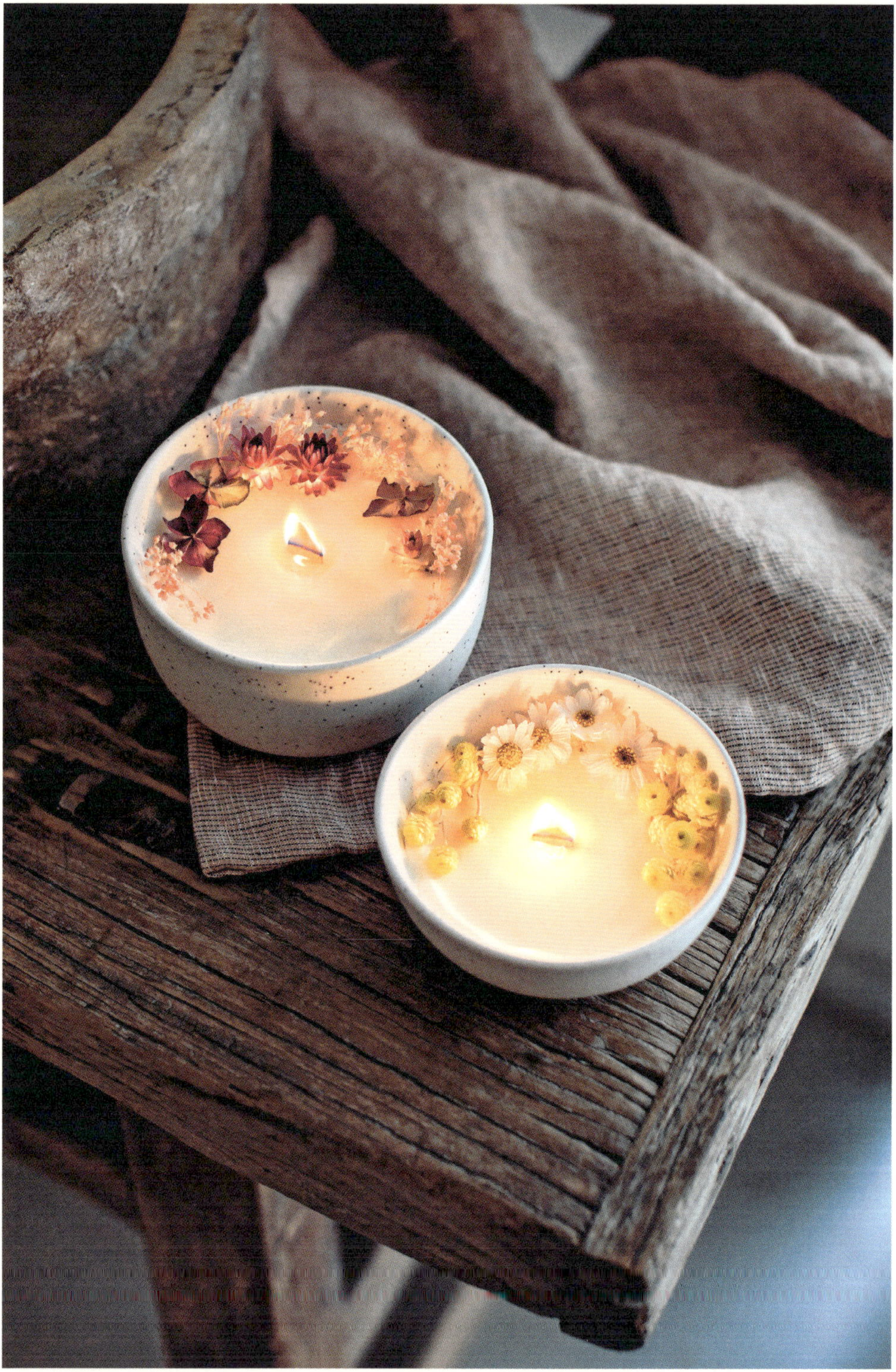

Blumen-Kerzen

Kerzen im Keramikschälchen, geschmückt mit zarten Trockenblumen.

ZEITAUFWAND

45 Minuten

SCHWIERIGKEITSGRAD

✿✿✿

BLUMEN

ca. 10 Hortensien (nur die Blütenköpfe)
1 Zweig farbiges Schleierkraut
5 rosa Strohblumen

ZUSÄTZLICH BENÖTIGEN SIE

- 1 Kochtopf
- 1 hitzebeständige Schüssel

Weiters pro Kerze:

- 1 Keramik- oder Porzellanschale, Durchmesser ca. 15 cm
- 200 g Sojawachsflocken
- 1 Holzdocht mit Metallfuß
- 2 Wäscheklammern

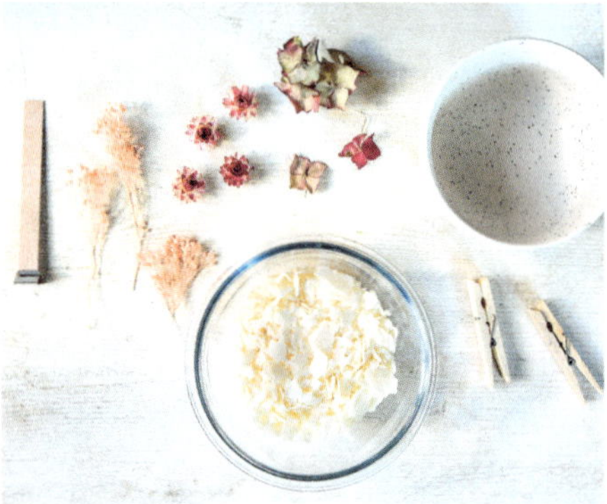

1. Legen Sie sich die benötigten Materialien zurecht. Sie können für die Kerzen beliebige getrocknete Blütenköpfe verwenden, die während des Trocknens abgefallen sind.

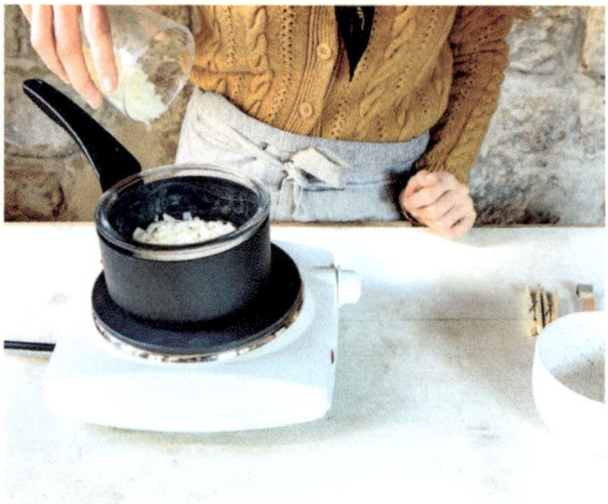

2. Erhitzen Sie das Wachs im Wasserbad.

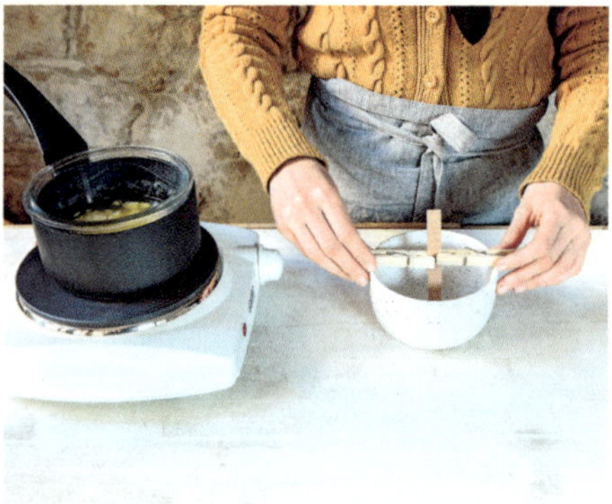

3. Positionieren Sie in der Zwischenzeit den Docht in der Mitte der Keramik- oder Porzellanschale und fixieren Sie ihn mit den Wäscheklammern.

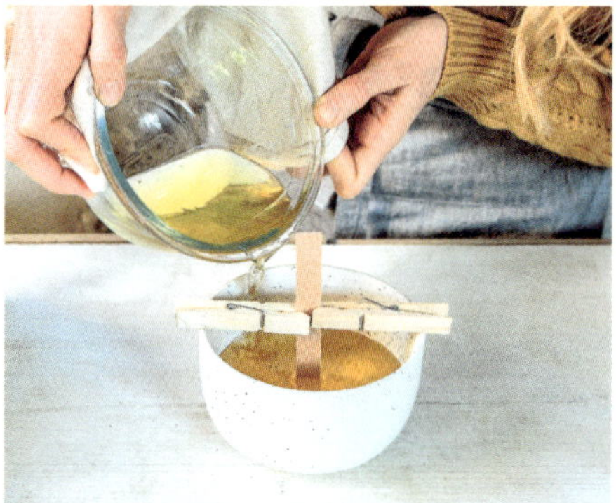

4. Wenn das Wachs vollständig geschmolzen ist, gießen Sie es vorsichtig in die Schale und lassen Sie es etwa 15 Minuten abkühlen.

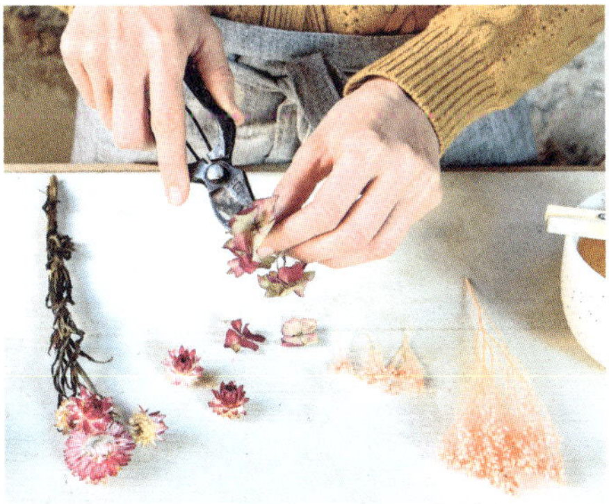

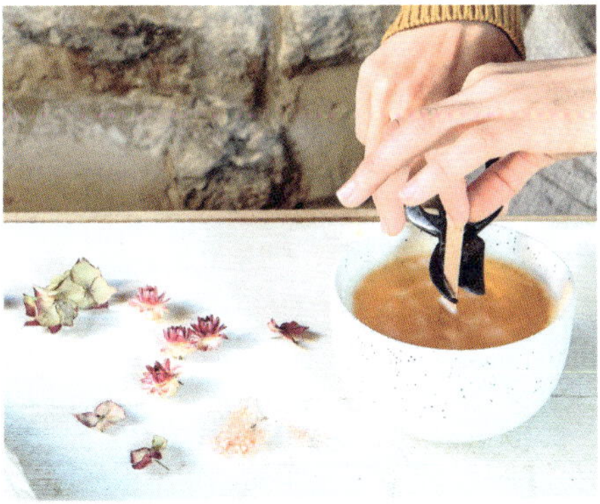

5. Während das Wachs trocknet, bereiten Sie die Blumen vor: schneiden Sie die Köpfe der Strohblumen ab und teilen Sie die Hortensienköpfe in einzelne Blüten.

6. Schneiden Sie den Docht ab und entfernen Sie die Wäscheklammern.

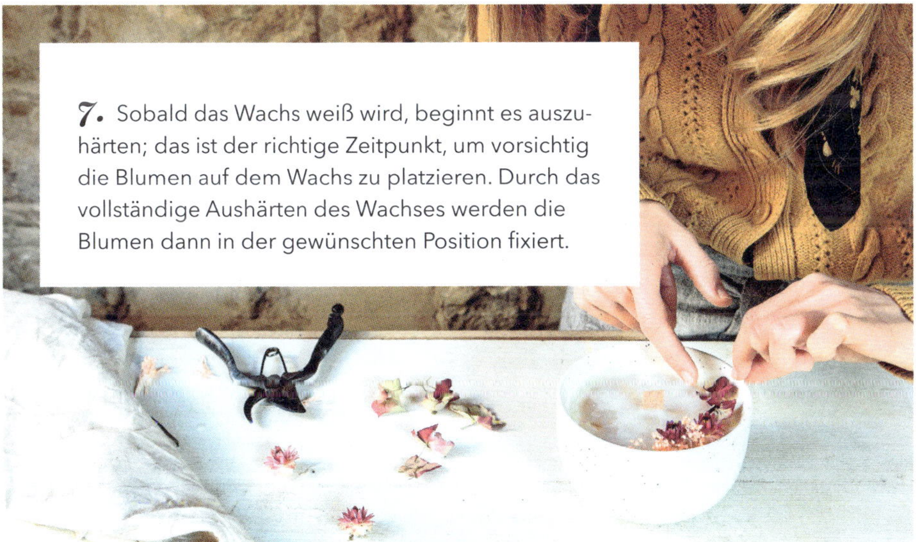

7. Sobald das Wachs weiß wird, beginnt es auszuhärten; das ist der richtige Zeitpunkt, um vorsichtig die Blumen auf dem Wachs zu platzieren. Durch das vollständige Aushärten des Wachses werden die Blumen dann in der gewünschten Position fixiert.

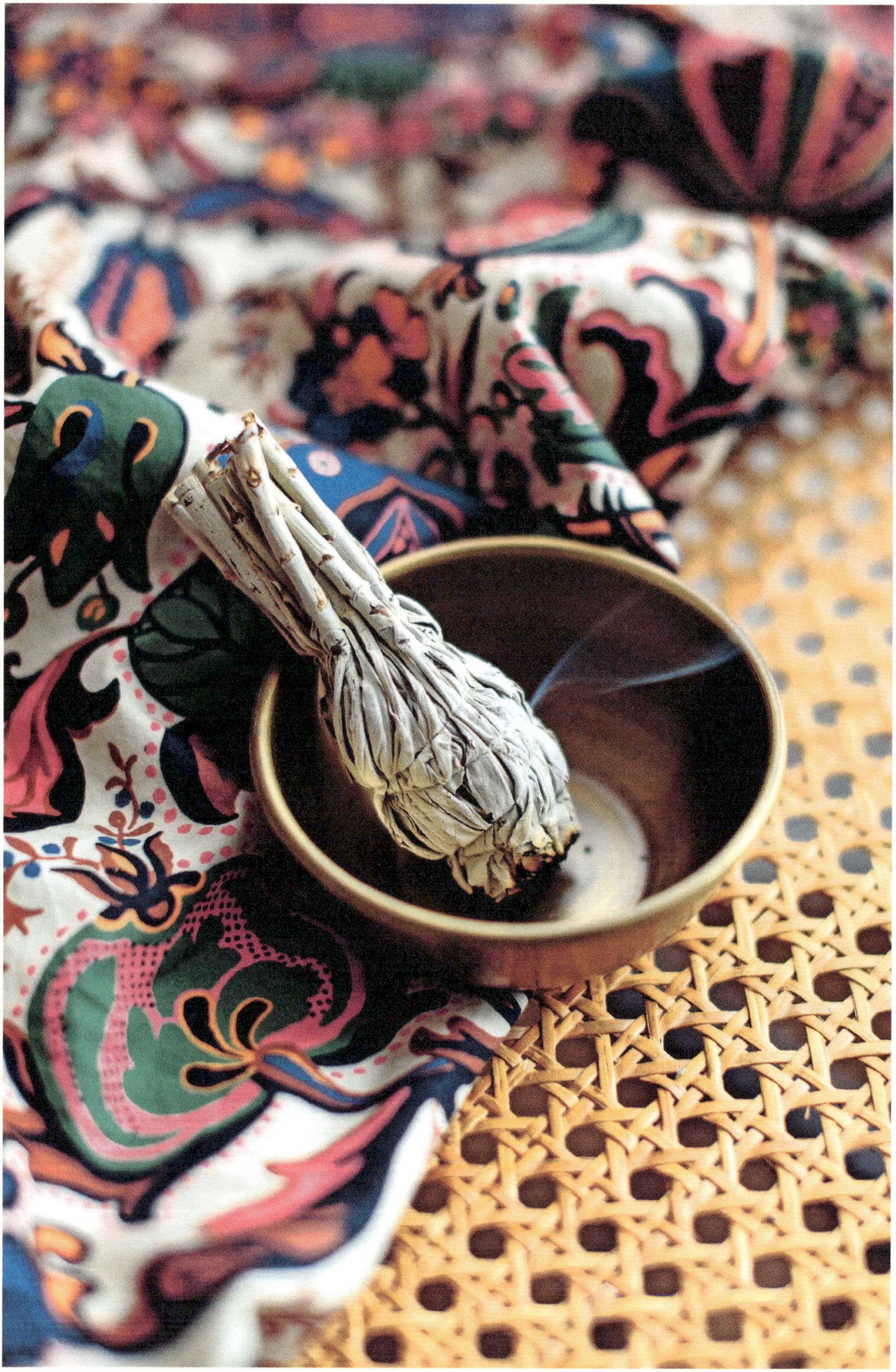

Rosen-Smudge-Stick* (Räucherbündel)

Nach den Traditionen der amerikanischen Ureinwohner besitzt Salbei die Fähigkeit, das Haus von negativer Energie zu reinigen. Auch getrocknet behält er seinen typischen Duft, der das ganze Haus erfüllt.

ZEITAUFWAND

20 Minuten

SCHWIERIGKEITSGRAD

BLUMEN

ca. 20 Blätter weißer Salbei *(Salvia apiana)*
5 Blütenblätter von Gartenrosen
1 Zweig wilder Rosmarin

ZUSÄTZLICH BENÖTIGEN SIE

- Baumwollfaden
- Gartenschere

* Als Smudge-Stick werden zu einem Bündel zusammengebundene Kräuter und Blumen bezeichnet, die getrocknet werden und beim Anzünden einen aromatischen Duft verströmen. Smudge-Sticks, bei uns auch als Räucherbündel bekannt, kommen ursprünglich aus der nordamerikanischen Kultur, wo sie für Reinigungsrituale verwendet wurden.

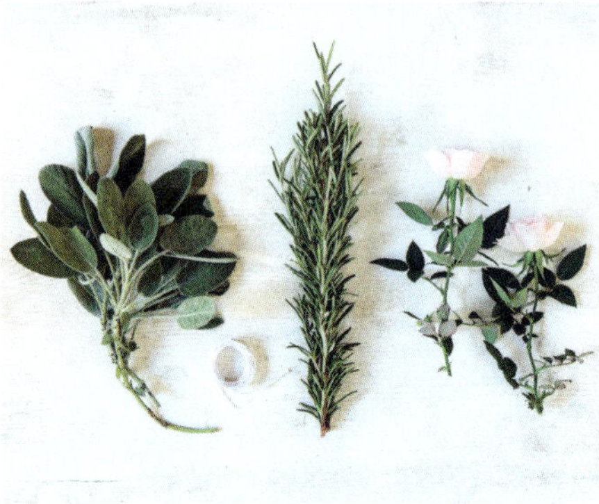

1. Da die getrockneten Bündel verbrannt werden, sollten Sie bevorzugt natürliche Kräuter auswählen (Kräuter aus dem Supermarkt können mit Pestiziden belastet sein, die beim Verbrennen giftige Dämpfe bilden).

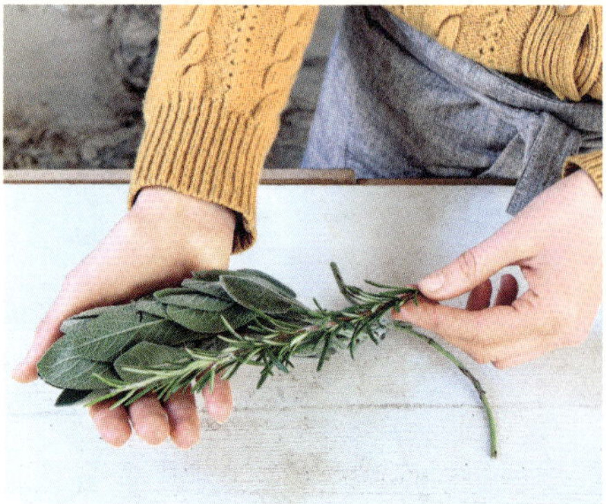

2. Formen Sie in einer Hand aus den Salbeiblättern und dem Rosmarin-Zweig einen 15 cm langen Stab.

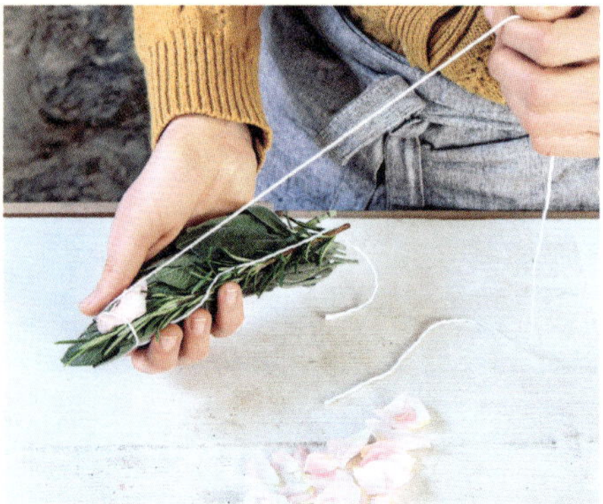

3. Wickeln Sie die Schnur um die Spitze des Bündels, sodass ein Ende der Schnur über die gesamte Länge des Bündels reicht, wie in der Abbildung gezeigt. Legen Sie die Rosenblütenblätter darauf.

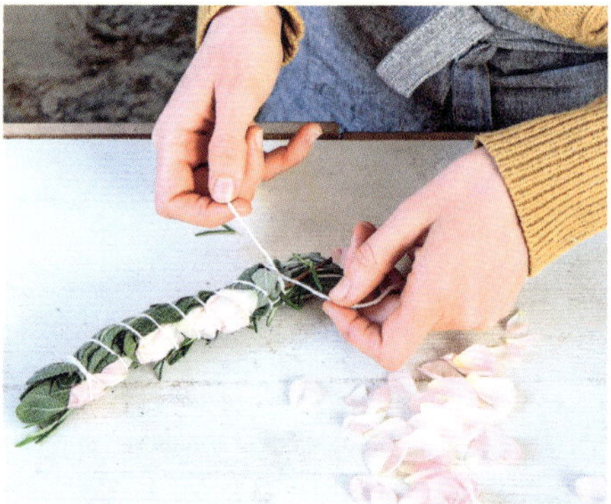

4. Wickeln Sie den Rest der Schnur fest um das Bündel und ziehen Sie die Schnur sehr fest, denn wenn die Pflanzen trocknen, verlieren sie an Volumen. Verknoten Sie die Schnur am unteren Ende des Bündels. Trocknen Sie das Bündel kopfüber für zwei Wochen.

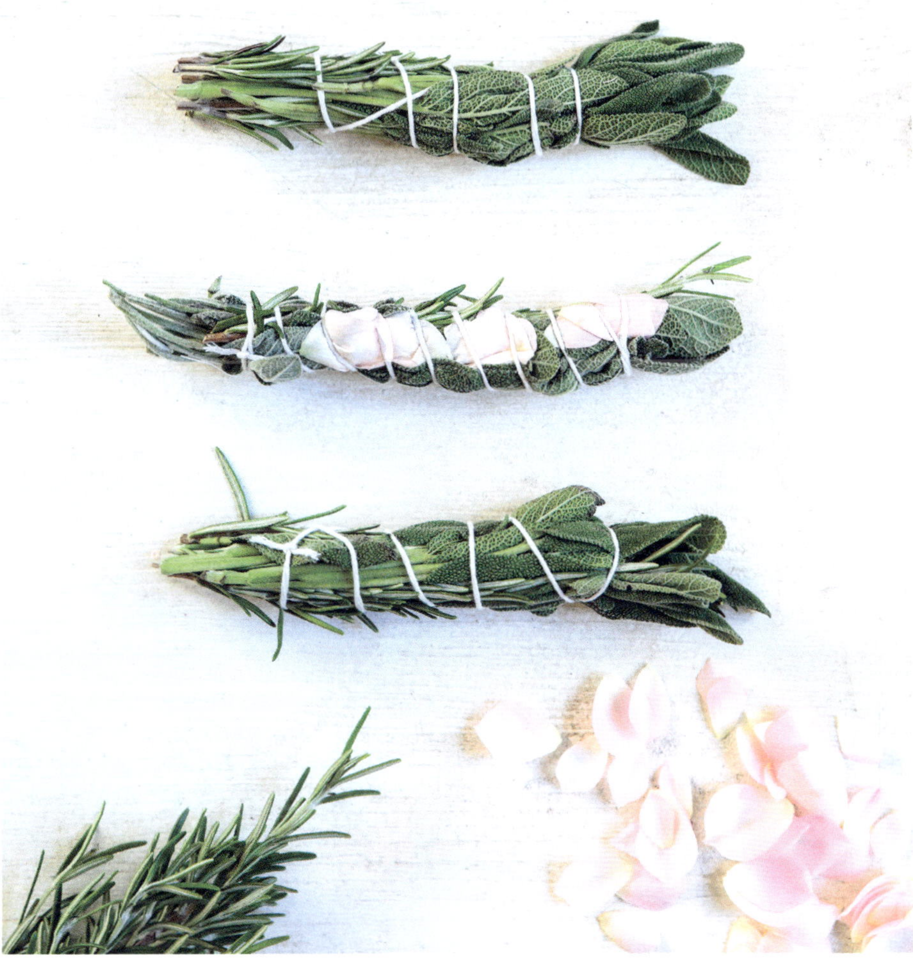

5. Sobald der Smudge-Stick trocken ist, können Sie ihn abbrennen. Nehmen Sie ihn dazu in die Hand und verteilen Sie den Rauch bei offenen Fenstern im ganzen Haus.

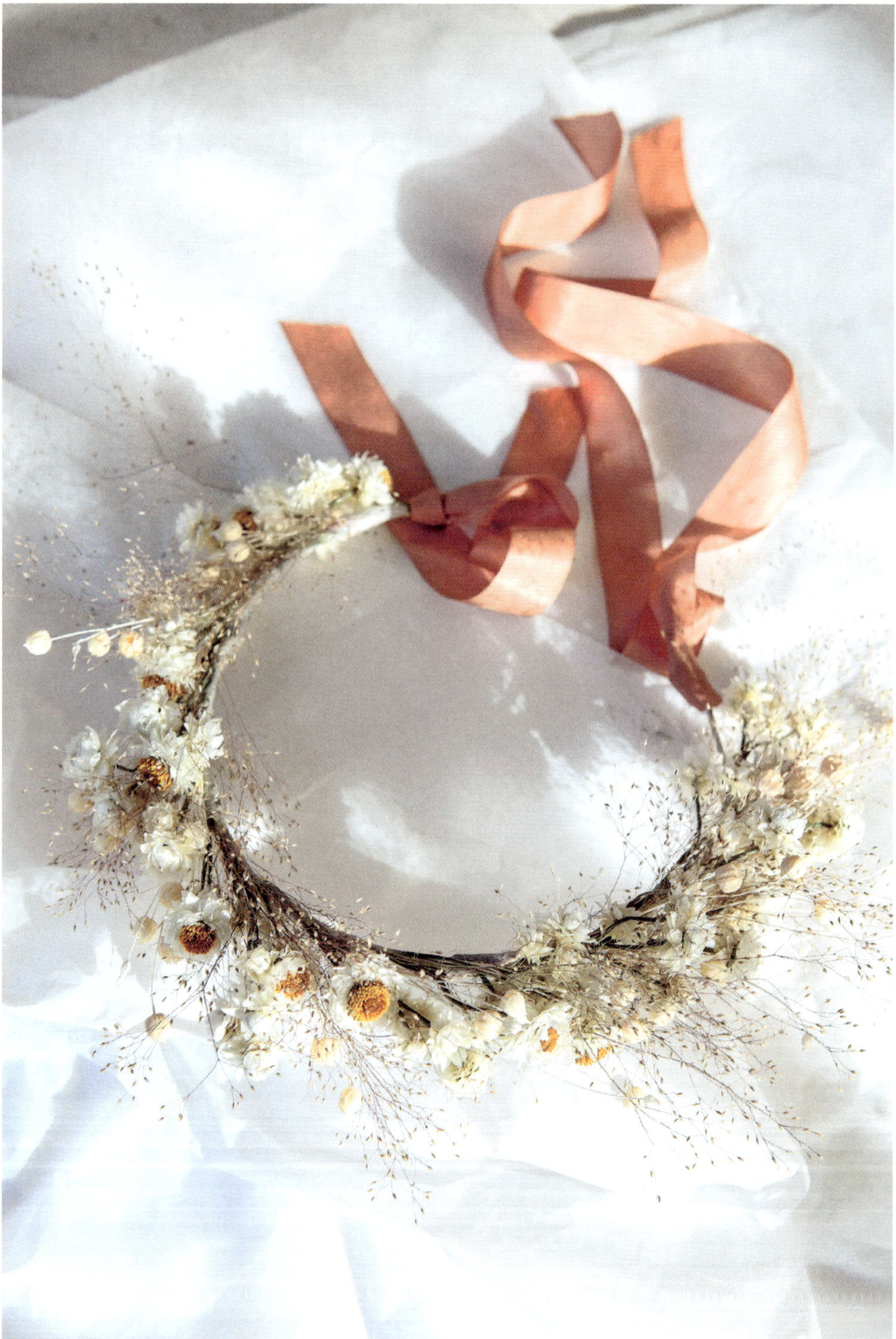

Hochzeitskopfschmuck

Das perfekte Accessoire für die Boho-Braut und ihre Brautjungfern.

ZEITAUFWAND

45 Minuten

SCHWIERIGKEITSGRAD

❀❀❀

BLUMEN

40 Papierknöpfchen
10 Grashalme, z. B. Straußgras
3 Halme weißer Flachs

ZUSÄTZLICH BENÖTIGEN SIE

- weißes Blumen-Klebeband
- Gartenschere
- 1 Band, Länge ca. 40 cm
- Aluminiumdraht, Länge ca. 60 cm
- Drahtschere

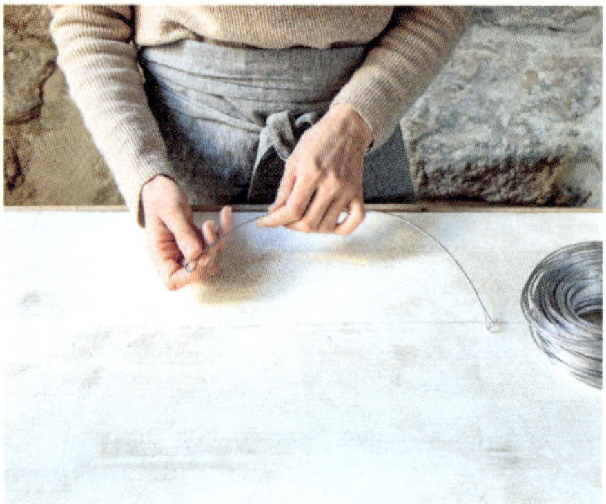

1. Schneiden Sie ein Stück Draht in der Länge des Kopfumfangs ab und biegen Sie die beiden Enden um, sodass zwei 1 cm große Schlaufen entstehen.

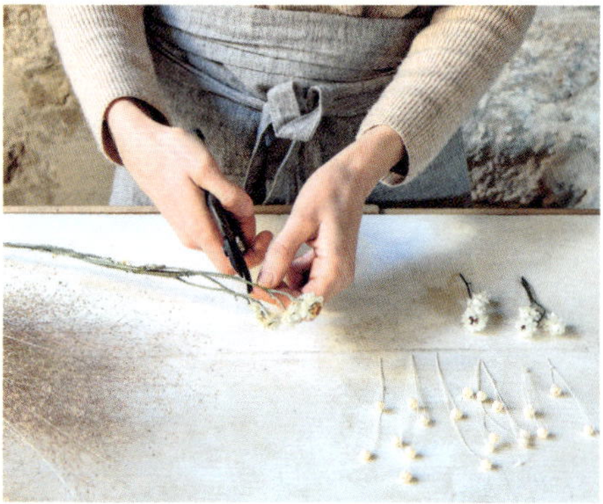

2. Bereiten Sie die Blumen vor: Schneiden Sie die Stiele auf eine Länge von ca. 3 cm ab.

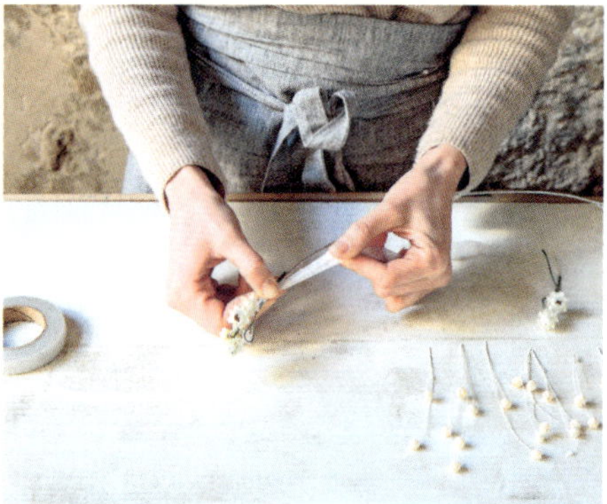

3. Setzen Sie die erste Blume wie gewünscht auf den Drahtkranz und wickeln Sie unter leichtem Ziehen Blumen-Klebeband herum.

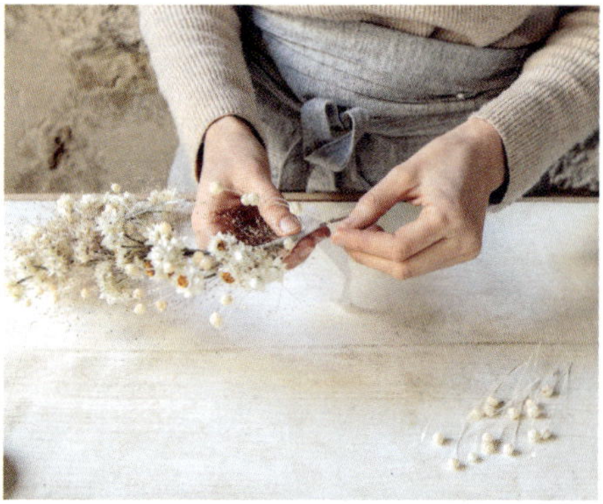

4. Befestigen Sie die übrigen Blumen (die verschiedenen Arten abwechselnd) auf die gleiche Weise am Drahtkranz, sodass sie dabei immer in dieselbe Richtung zeigen.

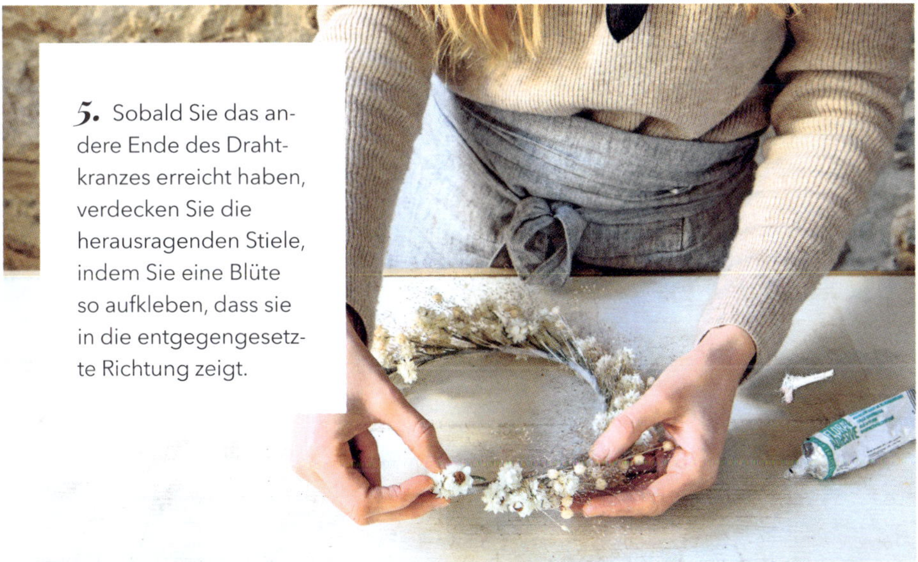

5. Sobald Sie das andere Ende des Drahtkranzes erreicht haben, verdecken Sie die herausragenden Stiele, indem Sie eine Blüte so aufkleben, dass sie in die entgegengesetzte Richtung zeigt.

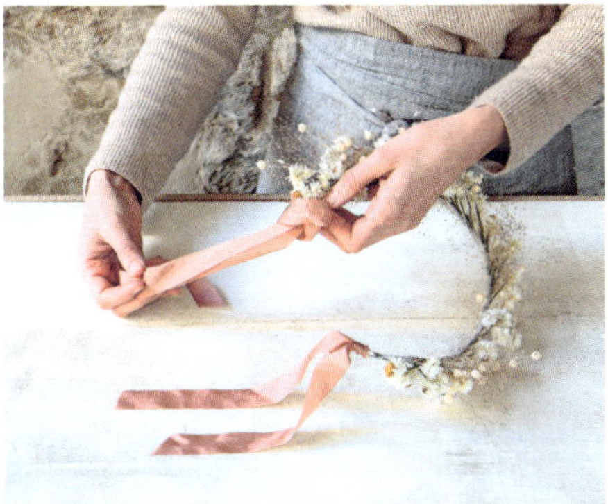

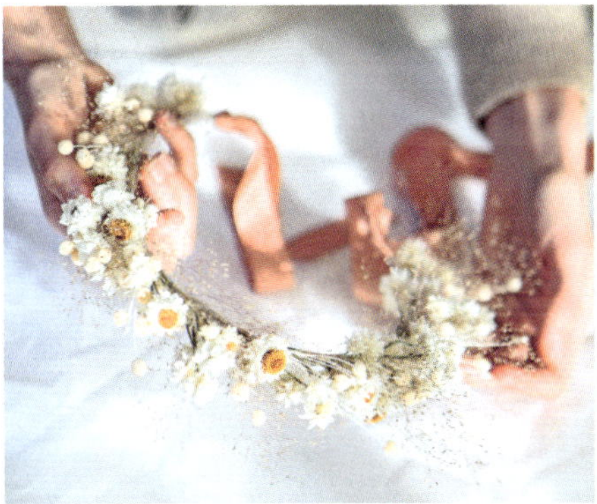

6. Schneiden Sie das Band in der Mitte durch und binden Sie ein 20 cm langes Band an jede Drahtschlaufe, um einen Verschluss zu bilden.

7. Bewahren Sie den Kopfschmuck bis zum großen Tag an einem trockenen, gut belüfteten Ort auf.

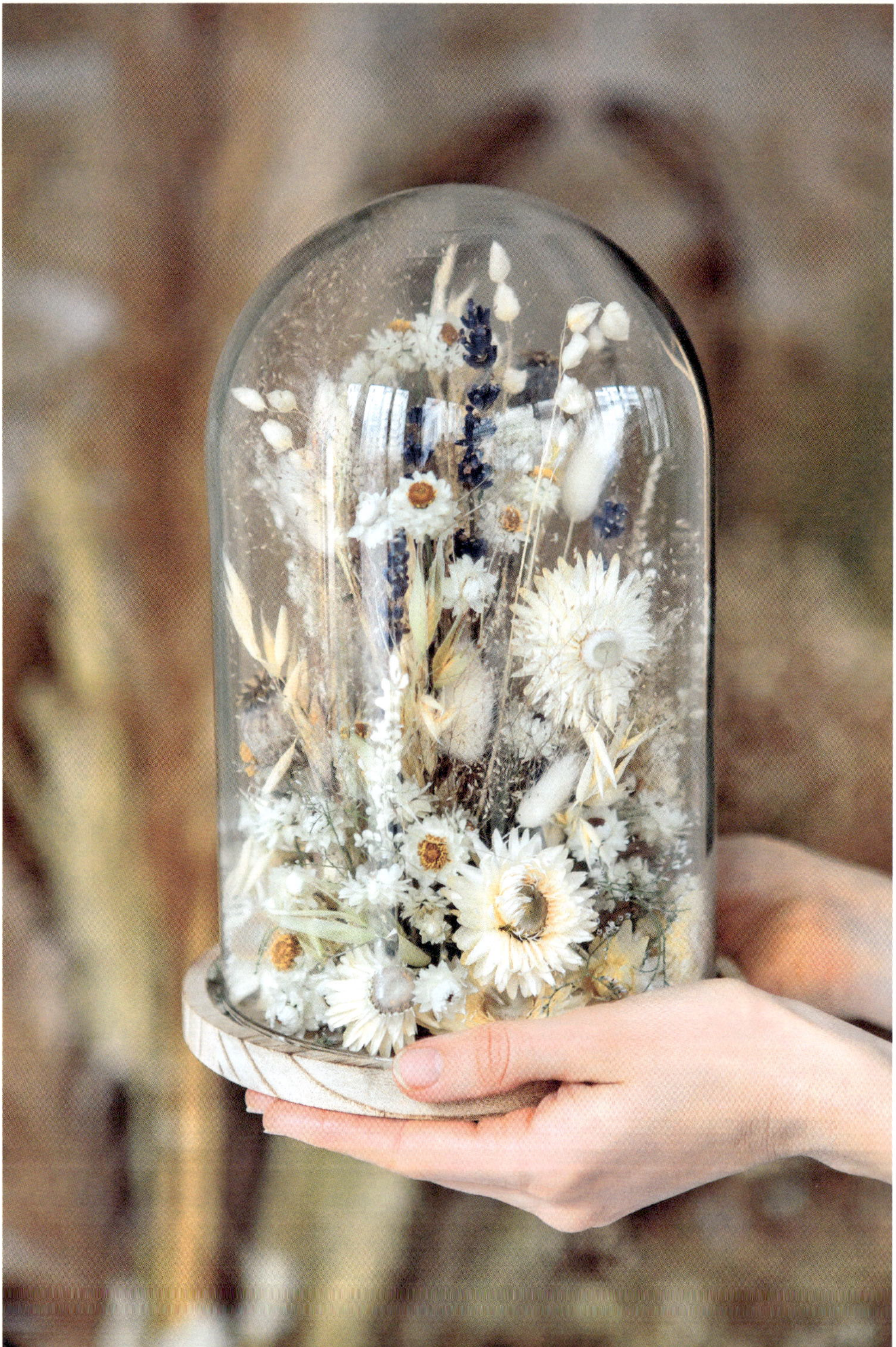

Blumen unter der Glaskuppel

Eine romantische Retro-Kreation, die an jene Zeit erinnert, als die Bräute ihren Brautstrauß unter einer Glaskuppel aufbewahrten.

ZEITAUFWAND

60 Minuten

SCHWIERIGKEITSGRAD

✿✿✿

BLUMEN

20 Papierknöpfchen
20 weiße Strohblumen
15 Grashalme, z. B. Straußgras
3 Halme weißer Flachs
10 Halme Hafer
10 Halme Samtgras
2 Zweige Strandflieder
5 Zweige Lavendel

ZUSÄTZLICH BENÖTIGEN SIE

- Glaskuppel, Höhe etwa 25 cm mit Untersatz, Durchmesser ca. 17 cm
- 1 Blumen-Steckschwamm
- Messer mit feiner Klinge
- Gartenschere

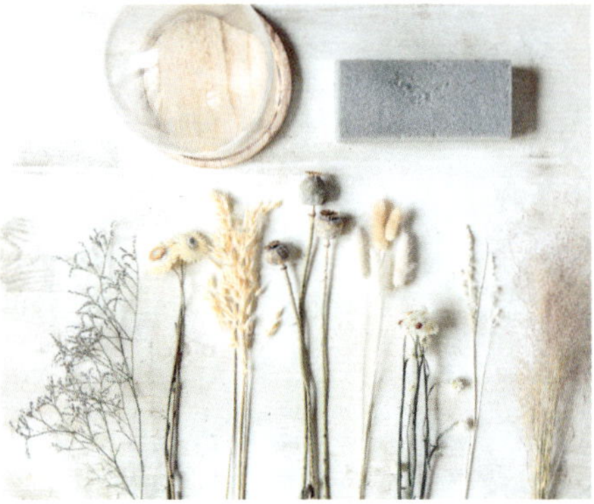

1. Bereiten Sie Ihr Material vor und säubern Sie die Stiele der Strohblumen, indem Sie die Blätter entfernen.

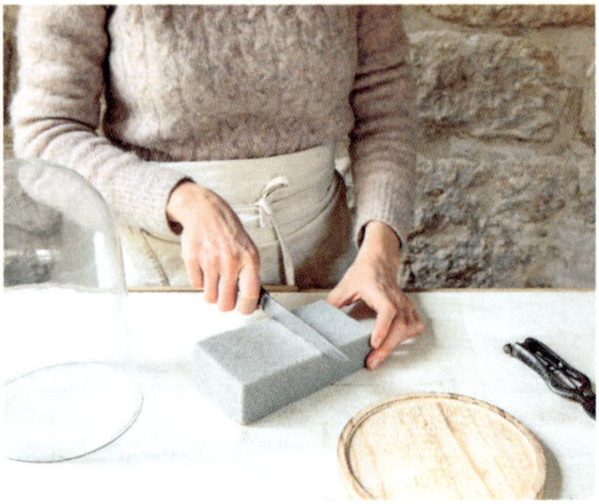

2. Schneiden Sie den Steckschwamm zu einem Block von 6 x 6 x 3 cm Größe zu und platzieren Sie diesen in der Mitte des Untersatzes.

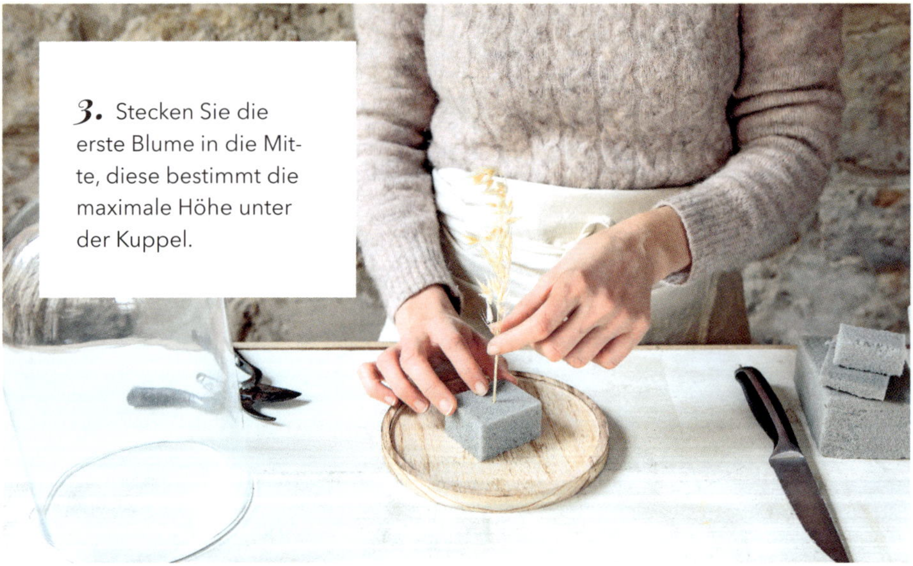

3. Stecken Sie die erste Blume in die Mitte, diese bestimmt die maximale Höhe unter der Kuppel.

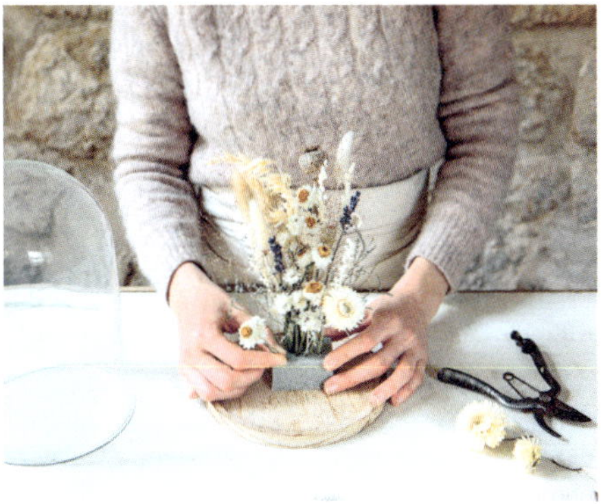

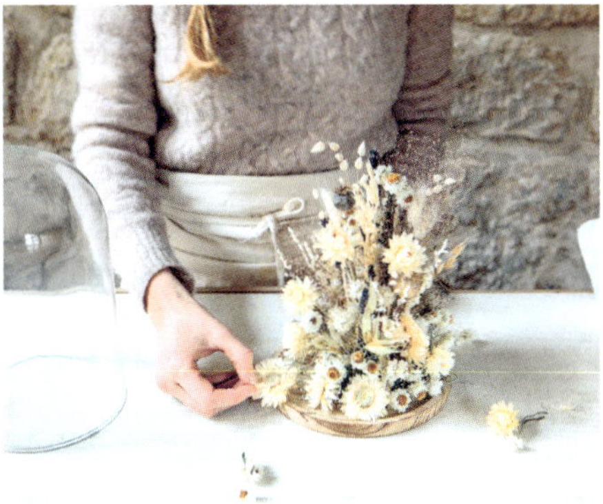

4. Anhand dieser Markierung stecken Sie die anderen Blumen in den Steckschwamm, sodass alle auf den Mittelpunkt zulaufen. Stecken Sie die Stiele zuerst senkrecht hinein und vergrößern Sie allmählich den Winkel, sodass die Blumen nach außen zeigen, um die Oberseite des Steckschwamms zu verdecken.

5. Stecken Sie einige Blumen mit kurzen Stielen auch waagerecht in den Steckschwamm, um den Rand zu verdecken, sodass auf den Seiten nichts mehr vom Steckschwamm zu sehen ist.

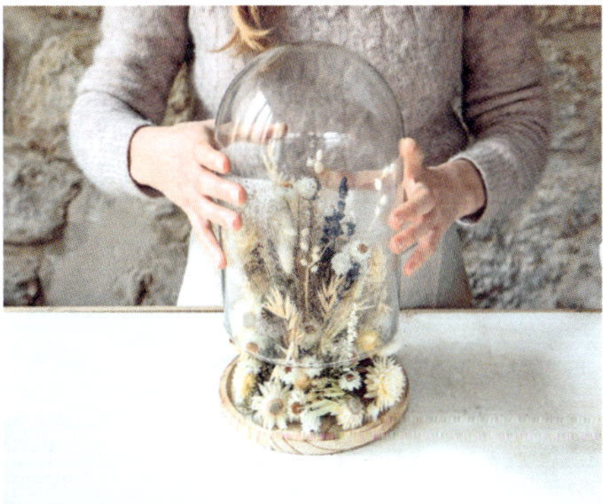

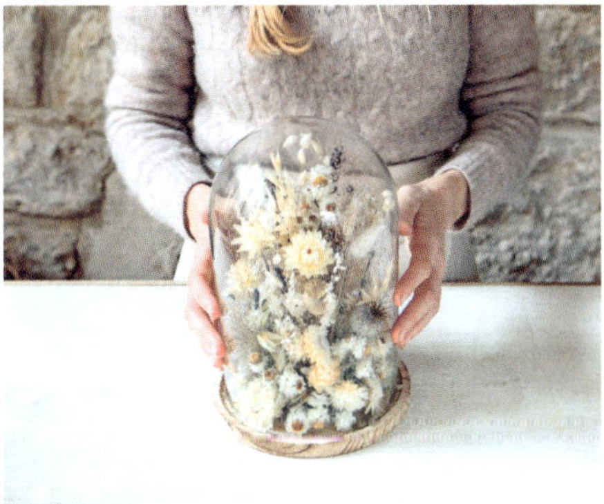

6. Stülpen Sie vorsichtig die Glaskuppel darüber, achten Sie dabei darauf, die Blumen nicht zu beschädigen.

7. Die Kuppel soll die Blumen vor Staub und Feuchtigkeit schützen.

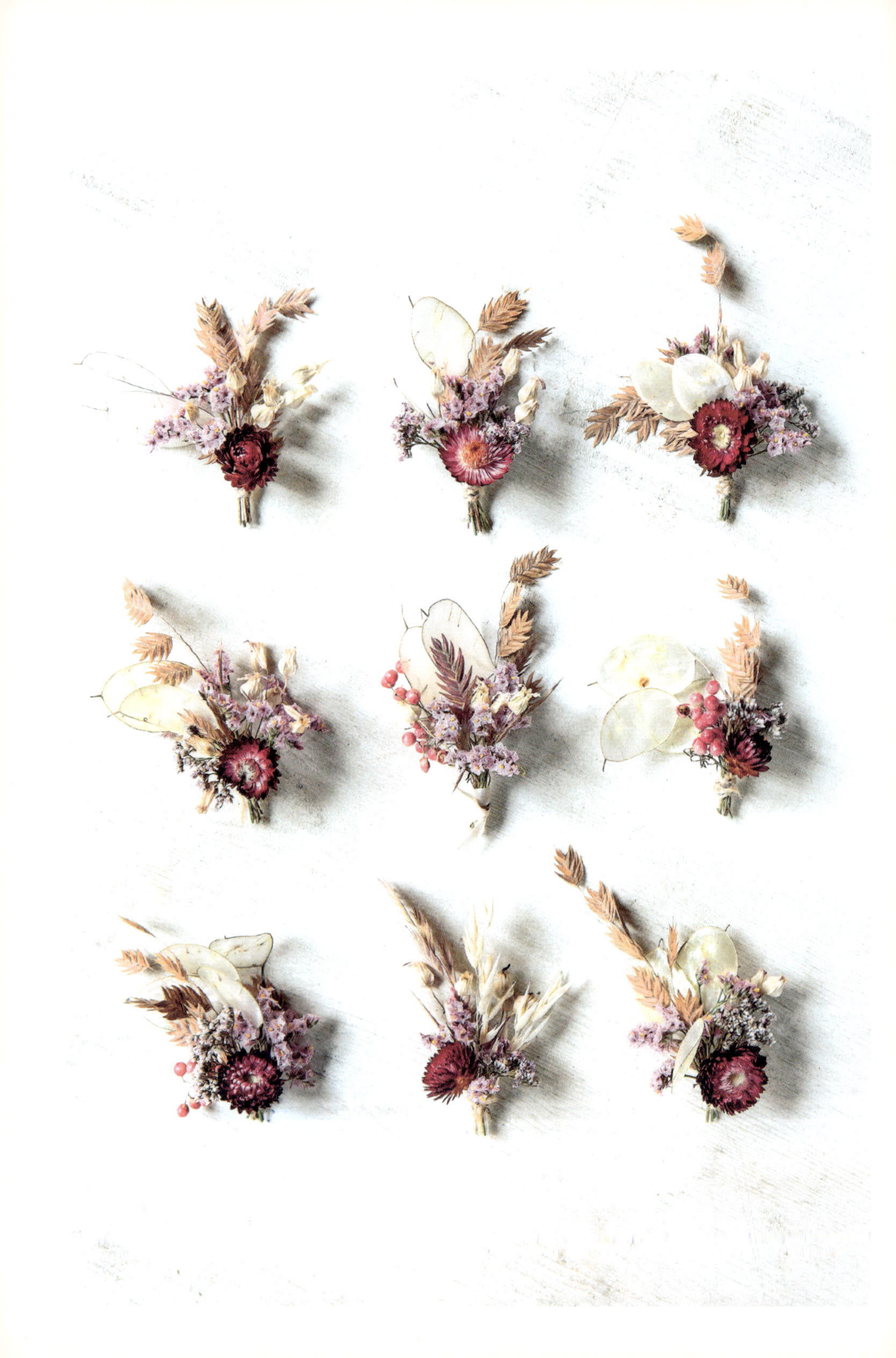

Boutonnières – Ansteckblumen

Diese Ansteckblumen werden im Stil der traditionellen Knopflochblumen am linken Revers der Anzugsjacke getragen und verleihen maskuliner Eleganz einen romantischen Touch. Wenn sie aus getrockneten Blumen hergestellt werden, haben sie den großen Vorteil, dass sie nach der Zeremonie nicht verwelken!

ZEITAUFWAND

10 Minuten

SCHWIERIGKEITSGRAD

1 von 3

BLUMEN (PRO ANSTECKER)

1 rosa Strohblume
1 Halm Plattährengras
1 Zweig Silberblatt
1 Zweig rosa Strandflieder
1 Halm Zittergras

ZUSÄTZLICH BENÖTIGEN SIE

- Gartenschere
- Draht
- Anstecknadeln (alternativ: kleine Sicherheitsnadeln)
- Seidenband (optional)

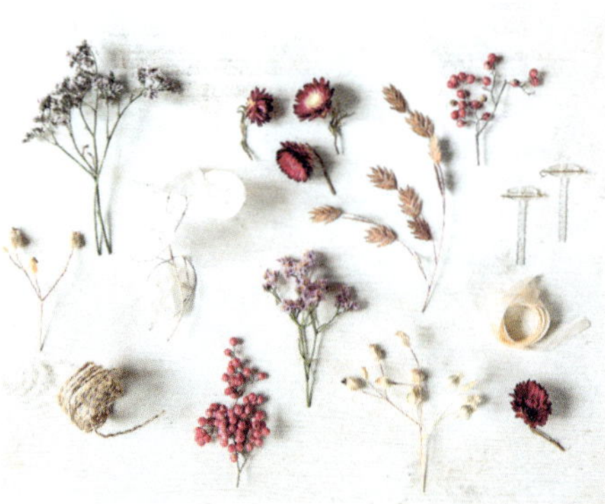

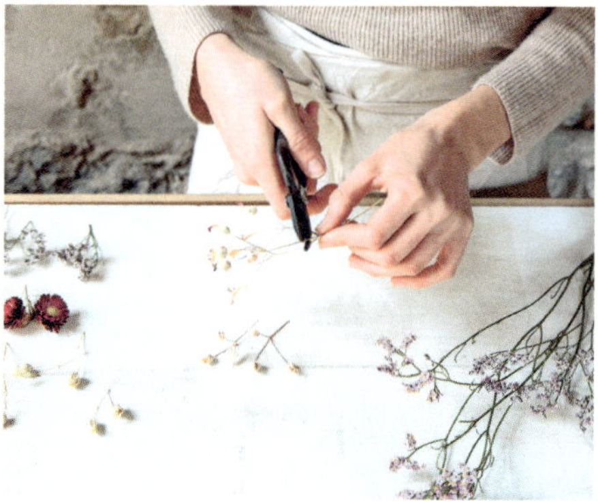

1. Wenn Sie Ihre Blumen selbst trocknen, werden bestimmt einige dabei zu Bruch gehen. Werfen Sie diese „Bruchstücke" nicht weg, denn Sie können sie für hübsche Blumenanstecker verwenden.

2. Schneiden Sie die Stiele auf eine Länge von ca. 10 cm zu.

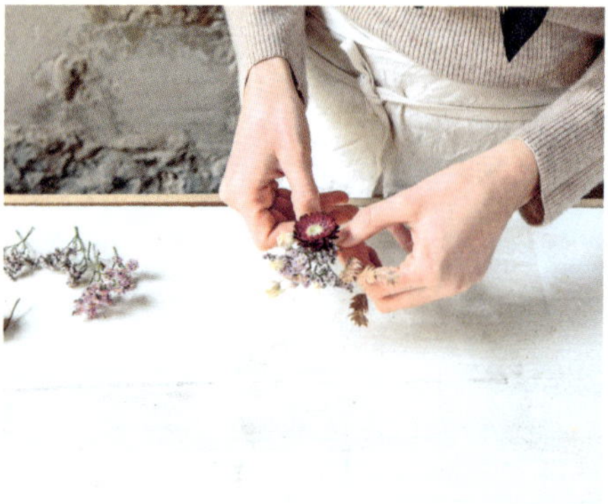

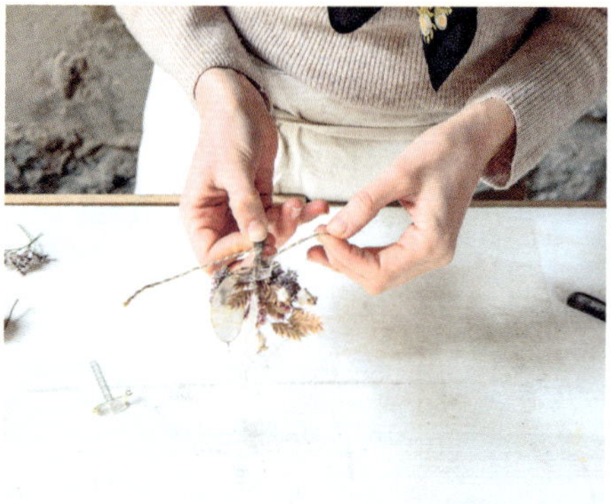

3. Fassen Sie die Blumen zu Mini-Blumensträußchen zusammen, halten Sie dabei die Stiele fest zwischen Daumen und Zeigefinger.

4. Wickeln Sie Draht herum, um die Sträußchen an den Anstecknadeln zu befestigen. Schneiden Sie die Stiele auf eine gleichmäßige Länge von ca. 2 cm ab.

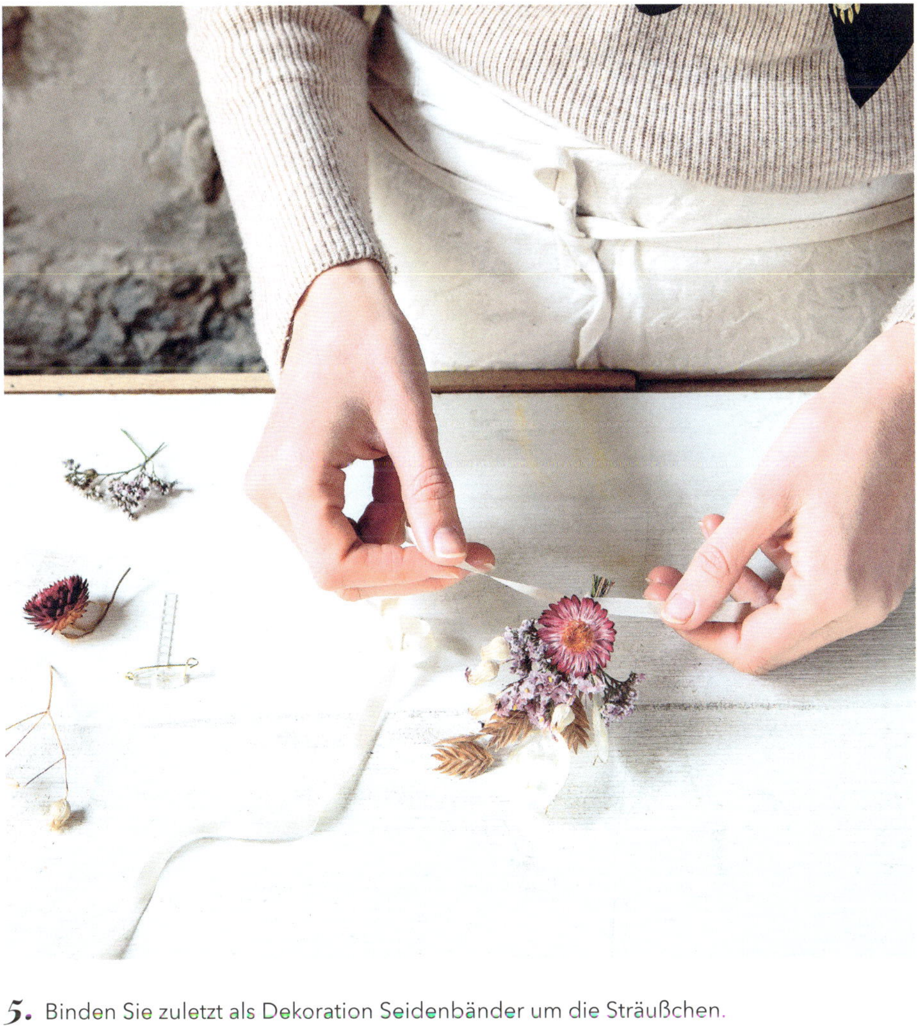

5. Binden Sie zuletzt als Dekoration Seidenbänder um die Sträußchen.

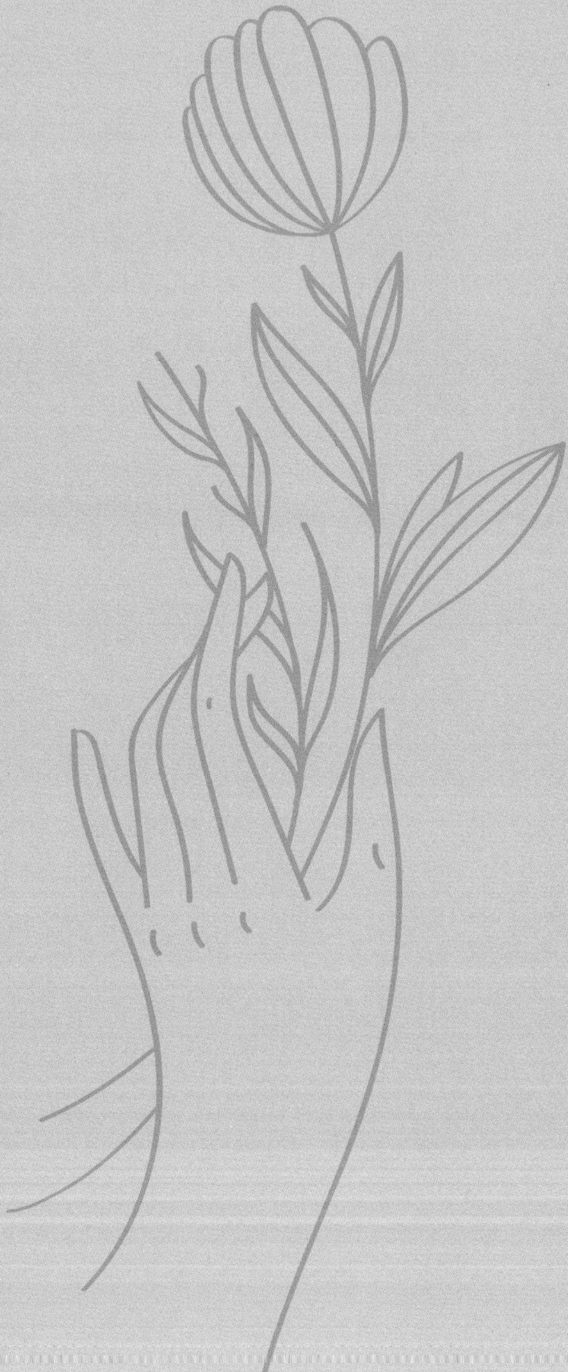

Projektverzeichnis

Trockenblumensträuße

Wanddekorationen

Duftendes für Haus und Wohnung

Hochzeitskreationen

Aus unserem Programm

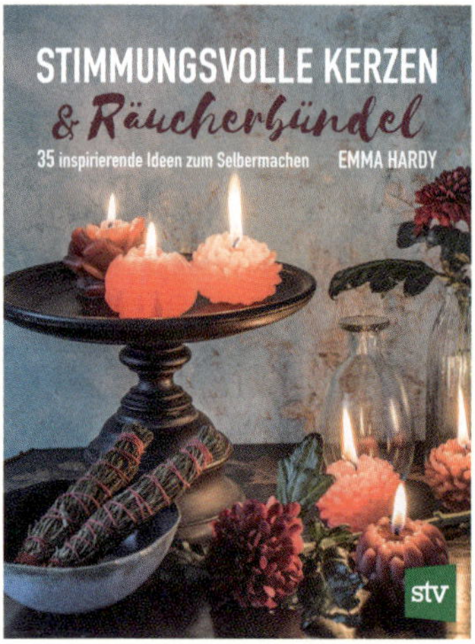

ISBN 978-3-7020-1868-9

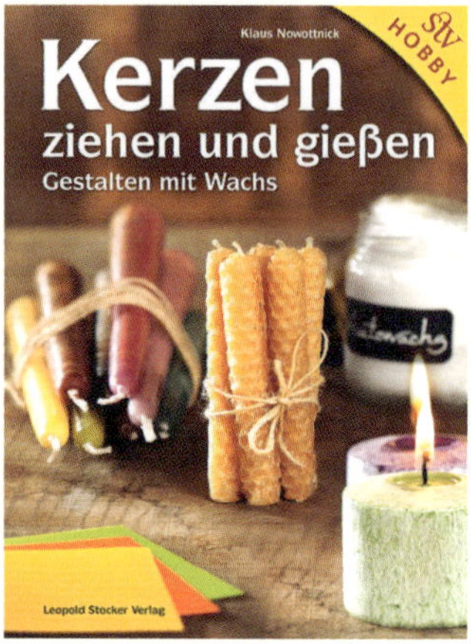

ISBN 978-3-7020-1370-7

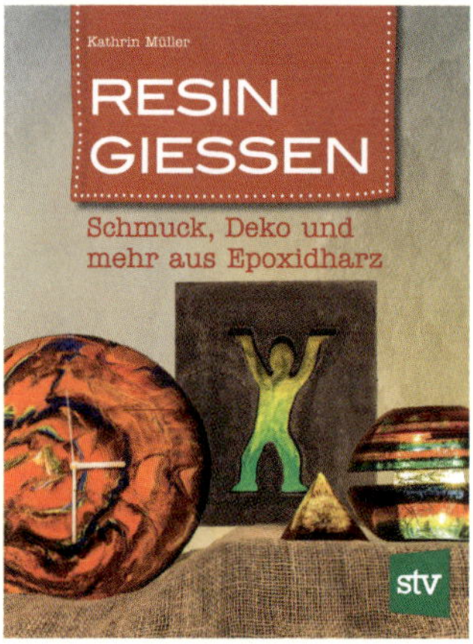

ISBN 978-3-7020-1751-4

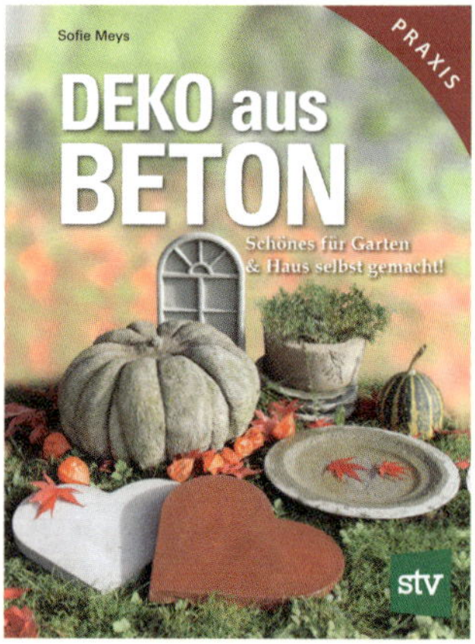

ISBN 978-3-7020-1408-7